Eberhard Mühlan

Zwischen 9 und 13

Tipps für angehende Teens

Über den Autor

Eberhard Mühlan ist selbst Vater von 13 Kindern und Autor zahlreicher Bücher zum Thema Familie. Das vorliegende Buch erschien früher unter dem Titel „Zwischen 12 und 17“ und ist mittlerweile ein Bestseller.

Eberhard Mühlan

Zwischen 9 und 13

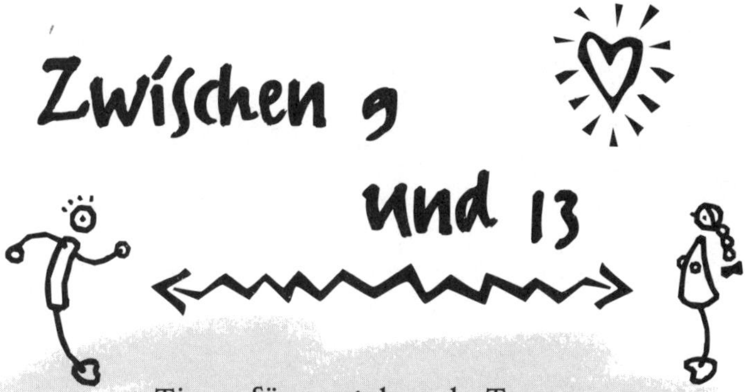

Tipps für angehende Teens

GerthMedien

FSC
www.fsc.org
MIX
Papier aus verantwortungsvollen Quellen
FSC® C014496

Verlagsgruppe Random House FSC-DEU-0100
Das fur dieses Buch verwendete FSC®-zertifizierte Papier
Munken Premium Cream liefert
Arctic Paper Munkedals AB, Schweden.

Best.-Nr. 816164
ISBN 978-3-86591-164-3
9. Auflage 2012
Cover-Foto: Masterfile Deutschland
Umschlaggestaltung: Immanuel Grapentin
Umschlagfoto: Masterfile
Innen-Illustration: Detlef Mueller
Satz: Die Feder GmbH, Wetzlar
Druck und Verarbeitung: GGP Media GmbH, Pößneck
Printed in Germany

Inhalt

Ein Wort an die Eltern

Das Buch ist an Ihr Kind gerichtet und trotzdem dürfen (oder sollten) Sie es lesen. Die Jahre vor der Pubertät sind für die Entwicklung und Lebenszielsetzung eines Kindes von sehr großer Bedeutung. Denn wenn sich ein Kind schon vor dem Beginn der Pubertät gute Ziele setzt und Werte formuliert, wird es besser durch die Stürme der Teenagerjahre kommen, als wenn es diese Jahre lediglich verträumt.

Ich würde mich freuen, wenn Sie mit Ihrem Kind über meine Gedankenanstöße und Ratschläge diskutieren und sie mit eigenen Erfahrungen ergänzen können – denn Sie kennen Ihr Kind doch am besten!

Zwischen 9 und 13 …

Hallo!

Tja, wie magst du wohl heißen? Vielleicht Marcel oder Lea, Benni oder Pia? Schade, dass ich es nicht weiß. Am besten wäre es, wir würden uns persönlich kennenlernen. Dann könnten wir zusammen in meinem Arbeitszimmer sitzen und über alles sprechen, was ich in diesem Buch aufgeschrieben habe. Aber das geht wohl nicht.

Ich habe selbst 13 Kinder. Die sind inzwischen alle bereits älter als 10 Jahre. Eine große Familie zu haben, ist ganz schön aufregend. Da wird es nie langweilig! Es gibt immer viel zu reden und zu fragen – besonders über das Erwachsenwerden. Bist du auch neugierig darauf? Dann erzähle ich dir jetzt, was wir dabei in unserer Familie besprochen haben. Also, setz dich gemütlich hin und versuche dir vorzustellen, ich säße dir gegenüber.

Ich nehme an, dass du zwischen 9 und 13 Jahren alt bist. Das ist ja nicht schwer zu erraten, denn sonst würdest du ein Buch mit so einem Titel wohl kaum lesen, oder? Jedenfalls ist es ein tolles Alter! Aus den Kinderschuhen bist du ja schon herausgewachsen. Die Grundschule liegt schon oder bald hinter dir. Sandkasten und „Kleine-Kinder-Spiele" interessieren dich wohl kaum noch. Das war einmal. Vor dir liegt Neuland. Mit Riesenschritten eilst du ins Erwachsenenalter und willst die große weite Welt kennenlernen.

Aber: Halt! Erst mal langsam. So plötzlich wird man zum Glück nicht erwachsen. Zwischen Kindheit und Erwachsenenalter liegt noch eine wichtige Zeit, in der du körperlich und seelisch reifen kannst. Vielleicht liegt sie jetzt vor dir, vielleicht bist du auch schon mittendrin. Dann hast du wahrscheinlich bereits gemerkt, dass es manchmal gar nicht so einfach ist.

Mancher Teenager, dem es mit dem Erwachsenwerden nicht schnell genug ging, ist auch als Erwachsener ein unreifes, wenn auch großes „Kind“ geblieben. Eine Zigarette im Mund und ein Mädchen oder einen Jungen im Arm machen einen Menschen eben noch lange nicht erwachsen.

Gerade zwischen 9 und 13 Jahren verändert sich sehr viel in deinem Körper und in deinen Gefühlen. Deswegen ist es gut, dass du dieses Buch liest und dich dadurch besser verstehen lernst. Aber das ist noch nicht alles! Wenn du älter wirst, stürmen eine

Menge neuer Einflüsse auf dich ein. Klassenkameraden protzen mit ihren neuen Erfahrungen, und wenn du ein Junge bist, werden Mädchen für dich plötzlich interessant. Für Mädchen ist es aufregend, zu erleben, wie sie auf Jungen wirken. Auf dem Schulhof beobachtest du, wie andere Schüler in den Ecken miteinander schmusen. Plötzlich ist es voll cool, eine Freundin oder einen Freund zu haben. Wer nicht mitmacht, wird manchmal sogar ausgelacht.

Die vielen Jugendzeitschriften im Supermarkt und am Kiosk machen dich neugierig. Du willst wissen, was Jugendliche mögen, wie sie leben und was es Neues von deiner Lieblingsgruppe oder deinem Star gibt. „Bravo", „Sugar", „Yam" und andere Jugendzeitschriften werden in der Schule ausgetauscht oder bei anderen mitgelesen. Manchem Teenager ist das schon zu harmlos, er greift lieber zu harten Videos oder Pornoheften.

Gleichaltrige schließen sich in Cliquen und Banden zusammen. Schon wird die erste Zigarette geraucht, und auf Klassenfahrten kreisen im Schlafraum heimlich die Bierflaschen, während einer an der Tür Wache steht.

Höflichkeit und Ordnung sind für manche nur noch Eigenschaften der verhassten Streber. Wer frech antwortet und aus der Rolle fällt, hat die Lacher und Bewunderer auf seiner Seite. Die Achtung vor dem Eigentum anderer spielt bei vielen auch keine große Rolle mehr. Wenn es keiner sieht, ist Randalieren in, und man lässt auch schon mal etwas mitgehen.

Da habe ich dir eben eine ganze Menge aufgezählt. Aber das ist nun einmal die Welt, in der du dich bewähren musst. Sie ist alles andere als harmlos. Du erlebst, wie andere Teenager Dinge tun, von denen ihre Eltern nie erfahren dürften. Vielleicht hast du sogar selbst mitgemacht. Bestimmt hast du dich dabei nicht gerade wohl gefühlt. Aber wer möchte schon gern ausgelacht werden oder als Außenseiter dastehen! Glaub mir, ich kann das wirklich gut verstehen, wenn ich auch manches nicht gutheißen kann.

Du wirst dich noch oft zwischen der Stimme deines Gewissens und dem, wozu dich deine aufgewühlten Gefühle oder andere Leute anstiften wollen, entscheiden müssen. Das ist oft schwer! Aber ich möchte dir dabei helfen. Dazu ist es wichtig, dass du dich selbst besser verstehst. Deshalb werde ich dir zunächst erklären, was sich bei dir körperlich und seelisch verändert, wenn du langsam erwachsen wirst. Danach will ich dir ein paar Ratschläge mitgeben, wie du als Teenager einen geraden Weg gehen kannst.

Was passiert mit mit meinem Körper?

Von deinen Eltern oder in der Schule hast du sicher schon einiges über die körperlichen Veränderungen in den ersten Teenagerjahren gehört.

Man nennt diese Zeit die Pubertät. In ihr bereitet sich dein Körper auf die Aufgabe der Elternschaft vor. Er entwickelt die Fähigkeit, Kinder zu zeugen beziehungsweise Kinder zu bekommen. Dein Körper wird jetzt „geschlechtsreif", jedoch wird es noch lange dauern, bis du eine Familie gründen kannst.

Jeder hat seinen eigenen Fahrplan

Bei Mädchen beginnt die Pubertät meistens etwas früher als bei den Jungen. Das kann schon mit ungefähr 10 Jahren losgehen und dauert oft bis 17. Jungen sind meist etwas später dran: Zwischen 12 und 19 entwickelt sich ihre Geschlechtsreife.

Du siehst, die Zeitspanne ist recht groß. Das liegt daran, dass jeder Körper seinem eigenen Fahrplan folgt. Und nach diesem Fahrplan werden die chemischen Boten, die „Hormone", in Bewegung gesetzt. Eigentlich sind sie es, die die Veränderungen in dir bewirken. Es ist ganz normal, dass sich einige Teenager schneller entwickeln als andere. Sei also nicht beunruhigt, wenn es bei dir nicht so schnell vorangehen sollte. Gott hat bis jetzt noch keinen bei der Pubertät übersehen.

Wenn es losgeht, wirst du vielleicht einige Veränderungen feststellen, die dich beunruhigen. Und zwar an deinem Körper und in deiner seelischen Verfassung, das heißt darin, wie du fühlst und denkst. Wenn du nicht darauf vorbereitet bist und nicht weißt, was sich da abspielt, macht dir das vielleicht Angst. Das möchte ich dir ersparen.

Der Schuss in die Höhe

Eine Zeit lang wirst du schneller wachsen. Das kostet deinen Körper eine Menge Kraft und Energie. Da ist es kein Wunder, wenn du dich manchmal schlapp und müde fühlst. Wenn das so ist, bist du nicht etwa krank, sondern dein Körper fordert nur seine verdienten Ruhepausen. Gönne dir also den Luxus, ab und zu etwas früher schlafen zu gehen. Auch wenn es lustig klingt: Ein 14-Jähriger im Wachstum braucht tatsächlich mehr Schlaf als ein 10-Jähriger.

Achte auch auf frische Luft und gesunde Ernährung. Nicht nur dein Körper wird es dir danken, du fühlst dich dann auch viel fitter. Wenn du Heißhunger hast, mach dich nicht nur über Süßigkeiten her, sondern lang bei den Hauptmahlzeiten ordentlich zu – deine Eltern werden die Hände über dem Kopf zusammenschlagen, wenn sie sehen, was du alles plötzlich verdrücken kannst. Denk daran, man kann nicht nur von Hamburgern und Cola oder Pommes mit Ketchup leben. Da sind einfach nicht genügend Vitamine und Mineralstoffe drin, und gerade die braucht dein Körper jetzt ganz dringend.

Aus Jungen werden Männer

Wenn du deinen Vater anschaust, bewunderst du vielleicht seine Muskeln und die gekräuselten Haare auf seiner Brust und an seinen Beinen. Oder du hast sogar schon heimlich seinen Rasierapparat benutzt, um deinen Milchbart zu stutzen. Beim Singen dröhnt seine Stimme so schön tief, ganz im Gegensatz zu deiner hohen Stimme.

Meinst du, bei ihm war das schon immer so? Nein, dein Vater ist einmal genauso ein Junge gewesen wie du. Und auf dem Weg ins Erwachsenenalter hat er die gleiche Pubertät durchgemacht, die nun vor dir liegt.

Also sei darauf vorbereitet, dass sich bald manches verändern wird. Unter den Achseln, auf der Brust und in der Geschlechtsgegend werden dir Haare wachsen. Irgendwann sprießt dann auch bei dir der erste Flaum über der Oberlippe. Rasier ihn nicht so schnell weg, damit auch die anderen sehen, dass du auf dem Weg bist, ein Mann zu werden.

Nachdem deine Stimme eine Weile verrückt gespielt hat – man nennt das „Stimmbruch" –, wird sie sich in einer tieferen Tonlage einspielen. Genau wie dein Körper wachsen und dehnen sich deine Stimmbänder nämlich auch. Deshalb kann es in dieser Zeit passieren, dass deine Stimme umkippt, nicht nur beim Singen, sondern auch, wenn du ganz normal sprichst. Vielleicht ärgerst du dich, wenn andere das lustig finden und darüber lachen. Trag es mit Humor! In spätestens zwei Jahren kannst du im Männerchor mitsingen. Sicher wirst du auch Veränderungen an deiner Haut feststellen. Deine Haare werden plötzlich viel schneller fettig, die ersten Pickel und Mitesser „zieren" dein Gesicht, die Gesichtshaut wird fettiger, und du riechst schneller „unangenehm". Deshalb ist gründliche Körperpflege jetzt besonders wichtig, auch wenn sie nicht immer gegen deine Pickel hilft. Wenn jemand sehr viele Pickel hat, nennt man das Akne. Weil Mädchen dir jetzt wahrscheinlich nicht mehr so unwichtig sind und du mehr auf dein Äußeres achtest, hättest du die Pickel gerade jetzt lieber nicht. Aber, tröste dich, nach einigen Jahren, sobald der Hormonspiegel in deinem Körper wieder stabiler ist, verschwinden diese ätzenden Dinger normalerweise von selbst.

Dein Glied und der Hodensack beginnen jetzt auch zu wachsen. Es kann vorkommen, dass dein Glied plötzlich steif wird, ohne dass du es beabsichtigst. Das könnte dir peinlich sein. Ein Tipp: Trage nicht so enge Kleidung, damit es nicht unnötig gedrückt und daran gerieben wird.

Irgendwann wirst du wahrscheinlich feststellen, dass du einen „unwillkürlichen Samenerguss" hattest. Das bedeutet, dass sich dein Glied im Schlaf versteift und Samenflüssigkeit ausgestoßen hat. Häufig geschieht das während eines Traumes.

Manch einer merkt das erst am Morgen, wenn er eine gelbliche, angetrocknete Flüssigkeit in seiner Hose entdeckt. Du brauchst dich deswegen nicht zu schämen oder gar befürchten, es wäre Eiter, und du hättest eine schlimme Krankheit. Dein Körper signalisiert dir damit nur, dass du jetzt dabei bist, ein zeugungsfähiger Mann zu werden, genauso wie die erste Monatsblutung einem Mädchen anzeigt, dass sie langsam eine Frau wird.

Bei jedem Samenerguss werden Millionen von Samenzellen ausgestoßen, die so winzig sind, dass du sie mit bloßem Auge nicht einmal sehen kannst. Aus einer dieser Zellen könnte ein Kind werden, wenn sie in eine Frau gelangen und sich in ihrem Körper mit einer Eizelle vereinen würde.

Du siehst, diese wichtige Erfahrung zeigt dir, dass du nun viel Verantwortung trägst. Du kannst jetzt zwar ein Kind zeugen, aber bis du ihm wirklich ein guter Vater sein könntest, werden noch viele Jahre vergehen, in denen du deinen Geschlechtstrieb beherrschen und lenken musst. Auf dieses Thema werden wir nachher noch einmal zurückkommen.

Aus Mädchen werden Frauen

Im Vergleich zu einem Jungen sind die Veränderungen im Körper eines Mädchens komplizierter und vielgestaltiger, denn ihr Körper muss sich auf die schwierige Aufgabe der Mutterschaft vorbereiten. In deinem Körper soll später einmal ein Ei befruchtet werden und ein Baby heranwachsen können.

Vieles, was sich bei den Jungen verändert, wirst du auch bei dir feststellen. Du wächst sehr schnell,

– nicht nur, dass dir die Sachen „schon wieder zu klein“ sind, nein, Wachsen macht auch müde und heißhungrig. Deine Haut macht dir zu schaffen, denn auch Mädchen kriegen Pickel und fettige Haare. Unter deinen Achseln und in der Geschlechtsgegend wachsen jetzt allmählich Haare.

Allerdings bleibst du vom Stimmbruch verschont und bekommst auch keine Behaarung auf der Brust. Dafür entwickeln sich deine Brüste. Im Verlauf von mehreren Jahren reifen sie ganz allmählich zum Busen einer erwachsenen Frau heran.

Vergleiche dich bitte nicht mit anderen Mädchen in deinem Alter, denn auch Mädchen entwickeln sich recht unterschiedlich. Es ist also ganz natürlich, dass ein Mädchen mit 11 Jahren schon ziemlich weit entwickelt ist, während bei anderen noch nichts zu sehen ist. Mach dir deshalb keine Sorgen. Der Körper entwickelt sich Schritt für Schritt.

Wenn deine Brüste wachsen, ist es ganz normal, dass sie manchmal etwas wehtun oder ein wenig entzündet sind. Das kommt vom Wachstum und bedeutet keineswegs, dass du Krebs oder eine andere schlimme Krankheit hast.

Ungefähr ein bis zwei Jahre, nachdem deine Brust anfängt, sich zu entwickeln, tritt beim Mädchen die erste Monatsblutung ein – man sagt auch „Periode“ oder „Menstruation“. Davon hast du sicher schon gehört. Manchen Mädchen ist der Gedanke daran zuerst etwas unangenehm, weil es etwas mit Blut zu tun hat.

Bei einer erwachsenen Frau findet die Monatsblutung etwa alle 22 bis 35 Tage statt. Über einige Tage hinweg verliert sie durch die Scheide die stark durchblutete Schleimhaut der Gebärmutter. Die Gebärmutter ist ein dehnbarer Muskel, der jeden Monat bereit ist, ein befruchtetes Ei aufzunehmen, deshalb baut sich an ihren Wänden regelmäßig eine Schleimhaut auf. Doch wenn sich in dem betreffenden Monat keine befruchtete Eizelle einnistet, die Frau oder das Mädchen also nicht schwanger wird, wird diese Schleimhaut nicht mehr benötigt und mit Blut durch die Scheide nach außen abgestoßen.

Wenn du deine erste Monatsblutung bekommst, signalisiert dir dein Körper, dass du nun erwachsen wirst und kein Kind mehr bist. Er stellt sich auf die wunderbare Aufgabe der Mutterschaft ein.

Du brauchst deswegen also nicht beunruhigt zu sein. Die Menstruation ist ein ganz natürlicher Vorgang, keine Krankheit. Du kannst während dieser Zeit alles tun, was du sonst auch tust. Manchmal spürst du vielleicht Verkrampfungen im Unterleib, Bauch- oder Rückenschmerzen. Wenn sie dir sehr zu schaffen machen, dann sprichst du am besten mit deiner Mutter darüber oder mit einem Menschen, zu dem du Vertrauen hast, damit sie dir helfen können.

Während einer normalen Menstruation verliert ein Mädchen 50–90 ml Blut (soviel wie etwa vier bis sechs Esslöffel), die Hälfte davon an den ersten beiden Tagen. Da dies innerhalb von drei bis fünf Tagen geschieht, verlierst du jeden Tag nur relativ wenig Blut. Damit die Kleidung jedoch nichts davon abbekommt und man sich wohler fühlt, benutzen Mädchen und Frauen sogenannte Binden oder führen Tampons in die Scheide ein. Hast du dir mit deiner Mutter im Super- oder Drogeriemarkt schon mal angeschaut, was es da alles gibt? Manche Mädchen tragen vor ihrer ersten Periode schon mal eine Binde zur Probe, damit sie wissen, was das für ein Gefühl ist. Keine schlechte Idee, oder? Mit Tampons solltest du das allerdings nicht vorher probieren, weil sie die Scheide sonst austrocknen.

Damit erst gar kein unangenehmer Geruch entstehen kann und du dich auch während der Menstruation wohl fühlst, ist es wichtig, dass du deine Geschlechtsteile während dieser Zeit täglich wäschst.

Wenn du deine Monatsblutung zum ersten Mal hast, bist du vielleicht aufgeregt und verlegen und glaubst, jeder sehe dir an, dass du „deine Tage" hast. Aber das ist nicht so! Bald wirst du dich daran gewöhnt haben, und „die Regel" gehört zum normalen Ablauf deines Lebens dazu.

Die Art und Weise, wie der Körper einer Frau funktioniert, um menschliches Leben hervorzubringen, ist einer der schönsten Vorgänge in der Schöpfung Gottes. Du kannst sogar richtig stolz darauf sein!

Meine Gefühle spielen verrückt

Mit deinem Körper stellt sich auch dein seelisches Empfinden, also dein Fühlen und Denken, auf das Erwachsenwerden ein.

Jetzt stürmen so viele neue und oft verwirrende Erfahrungen auf dich ein, dass du dabei wahrscheinlich nicht immer ruhig und ausgeglichen bleibst. Vielleicht verstehst du dich dann auch manchmal selbst nicht mehr. Doch das ist ganz normal, denn in der Pubertät gehen die Gefühle schnell auf und ab. An einem Tag fühlt man sich einfach super, an einem anderen hundsmiserabel.

In dieser Zeit fängst du auch an, nicht mehr wie ein Kind zu denken. Wahrscheinlich zweifelst du jetzt vieles an, was du hörst und was du bisher geglaubt hast. Du beginnst, vieles zu hinterfragen. Daran ist nichts Schlimmes. Im Gegenteil, das muss sogar so sein, denn nur so kannst du deine eigenen Überzeugungen und Meinungen entwickeln und wie ein Erwachsener vor anderen verteidigen.

Bei all dem bleiben Gefühlsschwankungen natürlich nicht aus. Aber wenn du dich auf sie einstellst, werden sie dich nicht so beunruhigen. Sie gehören einfach dazu und gehen auch wieder vorüber.

An einem Tag fühlst du dich ganz großartig und richtig erwachsen. Vor Tatendrang könntest du sogar Bäume ausreißen. Übermütig pfeifend springst du die Treppen hoch und runter. Aber schon einen Tag später ist es genau andersrum: Du kommst dir minderwertig, lächerlich und wertlos vor. Nichts, aber auch gar nichts will klappen.

In manchen Situationen meint man, die ganze Welt habe sich gegen einen verschworen. Deine Eltern verstehen dich nicht, deine Geschwister regen dich auf. Du verziehst dich in dein Zimmer, starrst vor dich hin und fragst dich, was mit dir los ist.

Oder ihr habt gerade noch friedlich zusammen im Wohnzimmer gesessen. Dann plötzlich muffelt dich dein Bruder an. Das ärgert dich, und du

schimpfst wütend zurück. Natürlich bekommt dein Vater nur das Letzte mit und weist dich zurecht. Das ist zu viel. Schon springst du empört auf und stürmst mit Tränen in den Augen aus dem Zimmer.

Denk bitte daran, dass die Phase, in der du gerade steckst, nicht nur für dich, sondern für die ganze Familie anstrengend ist. Deine Eltern und deine Geschwister merken nämlich auch, dass du nicht mehr so bist wie früher. Und manchmal wissen sie nicht, wie sie sich dir gegenüber verhalten sollen.

Sicher, Gefühlsschwankungen gehören zur Pubertät. Aber trotzdem solltest du dich nicht einfach gehen lassen. Das macht dich nämlich auch nicht glücklicher. Ein Grund, warum du dich manchmal so elend fühlst, ist dein schlechtes Gewissen, wenn du spürst, dass dein Verhalten nicht richtig ist und dir nicht weiterhilft.

Ich glaube, der beste und wichtigste Tipp bezüglich Ärger und Wut steht in der Bibel in Epheser 4,26: „Wenn ihr zornig seid, dann macht es nicht noch schlimmer, indem ihr unversöhnlich bleibt. Lasst die Sonne nicht untergehen, ohne dass ihr euch vergeben habt."

Dieser Bibelvers fordert dich auf, deinen Groll nicht zu lange in dich hineinzufressen. Das Beste ist, du überwindest deinen Ärger, bevor du zu Bett gehst. Dann wirst du garantiert besser schlafen!

Wenn du jemandem wehgetan hast, fass dir ein Herz, geh zu ihm hin und entschuldige dich. Sag, dass es dir leidtut, dass du es gar nicht gewollt oder nicht so gemeint hast, und dass du dich manchmal selbst nicht verstehst. Dann bitte auch Jesus im Gebet um Vergebung. So wirst du den Frieden in deinem Herzen am schnellsten wiederbekommen.

Wenn du über irgendeine Sache böse oder traurig bist und es dir nicht möglich ist, zu der betreffenden Person hinzugehen, besprich es mit jemand anderem, zum Beispiel mit deinen Eltern oder einem guten Freund. Oder setz dich auf dein Fahrrad, tritt tüchtig in die Pedale und schütte Jesus dein Herz aus. Er ist dein bester Freund und versteht dich wirklich gut. Mach nur nicht den Fehler, deine Einsamkeit, Traurigkeit, Schuld, Ärger oder Groll in dich hineinzufressen. Das macht alles nur noch schlimmer, und du wirst deine miese Stimmung nicht los.

Ein Alter des Zweifelns

In deiner Kindheit haben dir deine Eltern gesagt, wie du dich verhalten sollst und was richtig oder was falsch ist. Wenn sie Christen sind, habt ihr sicherlich auch über Jesus gesprochen, Familienandachten gehalten und seid gemeinsam in den Gottesdienst gegangen.

Zum Erwachsenwerden gehört aber auch, sich eine eigene Meinung zu bilden. Das gilt besonders für deine Beziehung zu Jesus. Um es dir ganz deutlich zu sagen: Jeder Teenager braucht seine Zeit, um das, was er zu Hause, im Kindergottesdienst oder im Teeniekreis gehört und gelernt hat, noch einmal selbst zu überdenken und sich anschließend selbst zu entscheiden, wovon er überzeugt ist. Du musst irgendwann einmal gründlich über dein Leben nachdenken und dann sagen: Ich will so oder so leben! Und diese Entscheidung solltest du möglichst unabhängig von deinen Eltern oder anderen Menschen fällen!

Ein Mensch, der immer, ohne viel nachzudenken, tut, was andere ihm sagen, wird kaum zu einer eigenständigen Persönlichkeit heranreifen. Das gilt genauso für die Teenager, die sich immer nach der

Masse richten und nach dem, was modemäßig gerade „in“ ist, wie für die „Muttersöhnchen“, die immer brav hinter ihren Eltern hertrotten, ohne jemals selbstständig zu werden.

Du siehst also, wenn es dir hilft, dein Leben neu zu durchdenken und eine aufrichtige, eigenständige Persönlichkeit zu werden, kann eine Zeit des Zweifelns und Hinterfragens sogar gut sein.

Dass es dir damit nicht gerade leicht gemacht wird, hast du wahrscheinlich schon gemerkt. Viele Einflüsse können dich in die Irre führen. Manche, die so tun, als wären sie völlig frei, sind letztlich erbärmlich gebunden: an die Meinung der anderen, an Nikotin, an Alkohol und an Drogen. Gerade für sie ist es schwer, sich aufzumachen und eine eigenständige Persönlichkeit zu werden. Einige schaffen es erst sehr spät, manche leider nie.

Der Griff nach deiner Seele

Man sollte ja meinen, die körperlichen und seelischen Veränderungen, die ich dir beschrieben habe, machen dir schon genug zu schaffen. Aber leider bleibt es nicht dabei. Jetzt muss ich noch ein weiteres Thema anschneiden, das mir als Vater Sorgen bereitet. Denn manche Menschen sorgen dafür, dass es für Teenager, die es in der Pubertät sowieso schon schwer genug haben, noch schwerer wird.

Kaum bist du 10 oder 11 Jahre alt, nutzen geldgierige Geschäftemacher dein neues Interesse an Mode, Musik, Computern und vielem mehr und wollen dich zu einer Modepuppe oder einem Konsumtrottel machen. Du weißt doch, was ein Konsumtrottel ist, oder?

Kaum wird ein neuer Schokoriegel oder der ultimative Lutscher mit Drehmotor in der Werbung angepriesen, trottet Klein-Karlchen auch schon zum nächsten Kiosk, um sich das Zeug zu kaufen.

Teenager sind ein lohnender Markt für Werbepsychologen. Ihre Kunst ist, dafür zu sorgen, dass du dir Dinge wünschst, auf die du gar nicht von selbst gekommen wärst. Der Geschäftsmann mag sich darüber freuen, aber du stehst hinterher mit leeren Taschen da.

Oder läuft dir etwa nicht das Wasser im Mund zusammen, wenn du auf einem Riesenplakat siehst, wie jemand in einen saftigen Hamburger beißt oder an einem verführerischen Eis schleckt? Ohne dass du es willst, überkommt dich plötzlich ein Heißhunger oder ein starker Drang, gerade dieses Eis zu kaufen. So gut verstehen die Werbepsychologen ihr Geschäft.

Aber das ist noch harmlos im Vergleich zu anderen, die sich mit Schmeicheleien an dich heranmachen. Da gibt es Weltverbesserer, die Gott, die Bibel und deine Eltern verachten. Sie setzen alles daran, dir zu vermiesen, was du zu Hause gelernt und vielleicht auch lieb gewonnen hast. Sie machen dir die Beziehung zu deinen Eltern schlecht, machen sich über den Glauben an Gott lustig und finden so ziemlich alles gut, was in der Bibel als Sünde beschrieben wird.

Das klingt dann vielleicht so: Es kann doch nicht sein, dass es einen Gott gibt, das ist doch ein Märchen. Die Bibel ist ein altmodisches Buch, das dir jeden Spaß verleidet. Deine Eltern meinen es vielleicht gut mit dir, aber die sind doch hoffnungslos altmodisch und können überhaupt nicht mitreden. Die brauchst du gar nicht erst zu fragen.

Leider sind einige Erwachsene, die Bücher und Zeitschriften schreiben oder als Lehrer unterrichten,

keine guten Vorbilder für dich. Sie vertreten genau diese Meinungen, die ich eben beschrieben habe. Überlege dir also gut, wen du bewunderst oder dir als Vorbild nimmst.

Andere Erwachsene denken wenig über ihr Leben nach. Manche sind gleichgültig geworden oder sehen nur ihren eigenen Vorteil. Vielleicht haben sie in ihrer Teenagerzeit auch niemanden gehabt, der ihnen gesagt hat, wie sie besser leben können. Aber: Vorsicht! Bevor du anfängst, sie zu verurteilen, denk daran, dass du in gut 10 Jahren oder vielleicht schon früher auch zu den Erwachsenen gehörst. Wäre es nicht toll, wenn du dann ein gutes Vorbild für Teenager sein könntest?

Die „Bravo" ist nicht bravo

Der Schulleiter tritt in den Klassenraum. Augenblicklich wird aus dem lärmenden Chaos atemlose Stille.

„Herr Carstens, euer Biologielehrer, ist plötzlich erkrankt. Ihr müsst euch während dieser Stunde einmal still beschäftigen. Ich hoffe, ich kann mich auf euch verlassen. Frau Müller von der 5b wird zwischendurch immer mal hereinschauen."

Kaum sind die Schüler wieder unter sich, geht es in der hinteren Ecke los. „Hier, ich habe die neueste *Bravo!*" prahlt Sascha.

„Mann, los, her damit. Die muss ich haben."

„Mensch, lass die Finger davon! Kauf dir selber eine . . .", verteidigt Sascha seinen Besitz. Und schon stecken sie die Köpfe zusammen, um die Zeitschrift gemeinsam durchzublättern.

Ich bin mir fast sicher, dass du auch schon einmal eine dieser Jugendzeitschriften angesehen hast:

Bravo, Popcorn, Sugar, Yam oder wie sie alle heißen. Manche Teenies kaufen sie Woche für Woche, man braucht sie erst gar nicht danach zu fragen, denn an ihrer Kleidung, an ihrem Gehabe und Gerede sieht man, wie intensiv ihre Zeitschrift auf sie abgefärbt hat.

Ich will ganz offen zu dir sein. Ich habe mir einige dieser Zeitschriften aufmerksam durchgelesen und kann dir deshalb eins versichern: Wenn du dein Leben nach dem ausrichtest, was du dort liest, handelst du dir viele Schwierigkeiten ein. Denn so sieht ein verantwortungsvolles Leben von Jugendlichen oder Erwachsenen garantiert nicht aus. Wenn alle so leben wollten, würde die Gesellschaft zugrunde gerichtet werden.

Den Herausgebern ist das wahrscheinlich auch klar, aber sie sind vor allem hinter deinem Geld her, denn das sitzt manchem Teenager locker in der Tasche. Doch dafür sollten dir dein Geld und deine Persönlichkeit einfach zu schade sein. Am meisten regt mich dabei auf, dass die Redakteure dieser Zeitschriften sich ausgerechnet auf die Altersgruppe junger Menschen stürzen, die genug mit den eigenen körperlichen und seelischen Veränderungen zu tun hat, nämlich auf Kinder und Jugendliche, die durch ihre Unsicherheit zwischen Kindsein und Erwachsenwerden besonders leicht zu beeinflussen sind. Und zu dieser Altersgruppe gehörst du auch!

Übrigens, viele Erwachsenenzeitschriften sind auch nicht besser. Darin findet man den gleichen Rummel um Geld, Gewalt, Schönheit und Sex, der den Leser nur auf falsche Gedanken und Wünsche bringt. Nimm dir lieber ein Buch mit, wenn du beim Arzt im Wartezimmer sitzen musst oder beim Friseur bist, dann bist du gar nicht erst auf diesen Schund angewiesen.

Ich möchte dich auf einige Gefahrenpunkte in diesen Zeitschriften aufmerksam machen: Jeder Teenager sucht nach Vorbildern, nach denen er sich richten kann. Doch die Vorbilder, die dir die *Bravo* und viele andere Zeitschriften anbieten, führen dich in eine falsche Richtung. Völlig unkritisch wird das zumeist ausschweifende Leben der „Stars" dargestellt. Problematische Punkte wie z. B. rechtsradikale oder okkulte Liedtexte fallen völlig unter den Tisch. Hauptsache, der Sound stimmt. Wer am abgefahrensten ist, ist am größten.

Zum Beispiel habe ich in der *Bravo* die Geschichte eines Jungen gelesen, dem der Spaß an Schule und Lernen vergangen war. Seine Eltern ließen ihn schon mit 10 Jahren auf seiner Gitarre rumhämmern, und irgendwann hatte er dann einfach keinen Bock mehr, Mathe zu büffeln. Stell dir vor, bereits mit 14 Jahren brachte er seine erste CD heraus, die einen irren Sound hatte. Herzlichen Glückwunsch! Hoffentlich reicht sein Grips, um die Knete zu zählen, die ihm dadurch in den Schoß gefallen ist.

Nur mal eine Frage am Rande: Will der arme Kerl vielleicht sein ganzes Leben lang nur auf seiner Gitarre herumhämmern? Das muss doch irgendwann langweilig werden! Ob er wohl jemals ernsthaft darüber nachgedacht hat, welchen Beruf er später ohne Schulabschluss noch erlernen kann, wenn es mit der Musik nicht mehr läuft und sein Ruhm vorbei ist?

Liest man in seiner Geschichte weiter, scheint er regelrecht im Geld zu schwimmen. Natürlich leistet er sich nur die teuersten Sachen. Das größte Auto muss her. Zur eigenen Villa gehört natürlich ein überdachter Swimmingpool, und geschlemmt wird nur in den teuersten Restaurants. Die hübschesten Mädchen himmeln den tollen Knirps mit der dicken Brieftasche an. Ob sie es wohl auch noch täten, wenn ihm die Kohle ausgehen würde?

Dass 10-Jährige durch so eine Geschichte völlig unrealistische Vorstellungen über Geldverdienen und -ausgeben bekommen, ist zwar den erwachsenen Journalisten klar, aber nicht unbedingt den jungen Lesern, die sich diese übertriebenen Geschichten Woche für Woche reinziehen.

Leider wecken die meisten Jugendzeitschriften bei ihren Lesern kein Interesse an Hobbys und sinnvoller Freizeitgestaltung. Auch Themen wie aufrichtige Liebe, Geborgenheit, gute Beziehungen zu Mitschülern und zu den Eltern werden im Prinzip nicht angesprochen. Ein Interesse an Schule und am beruflichen Fortkommen der jungen Leser fällt vollkommen unter den Tisch. Und die Gedanken an Menschen, die in schwierigen Situationen sind, in anderen Teilen der Welt Not und Hunger leiden oder nicht genug zum Leben haben, werden nur am Rande erwähnt, wenn überhaupt.

Was ist denn nun das Wichtigste?

Wenn du deine Umgebung mit offenen Augen und Ohren beobachtest, findest du schnell heraus, was für die meisten Menschen im Leben am wichtigsten ist: Geld, Macht, Intelligenz, Schönheit und, wenn sie etwas älter sind, auch noch die Gesundheit. „Hauptsache: gesund!“, bemerkt der eine, „Hauptsache, ich kann mir alles leisten“, denkt der andere.

Menschen, die da nicht mithalten können, fühlen sich oft todunglücklich oder sogar minderwertig. Geht es dir manchmal auch so? Vielleicht kannst du auch nicht in so tollen Klamotten herumlaufen wie deine Klassenkameraden, bekommst nicht so große Geschenke und auch nicht so viel Taschengeld wie die anderen, weil deine Eltern nicht so viel Geld verdienen.

Ist das aber ein Grund, unglücklich zu sein? Hast du dir schon einmal überlegt, weshalb manche Eltern ihr Kind so mit Geld überhäufen? Einige Eltern versuchen, auf diese Weise ihr schlechtes Gewissen zu beruhigen, weil sie glauben oder sogar wissen, dass sie zu wenig Zeit für ihre Familie haben oder sie sich nicht nehmen. Andere Eltern versuchen nur, mit ihren wohlhabenden Freunden oder Nachbarn mitzuhalten.

Manche Schüler und Erwachsene haben nur deshalb „Freunde", weil sie mit Geld um sich schmeißen. Aber wehe, es ist Ebbe in der Kasse. Dann stehen sie wieder allein da. Auf solche Freundschaften kannst du getrost verzichten. Ein Freund muss zu dir stehen, weil er dich gern hat, und nicht, weil du Geld hast.

Vielleicht hilft es dir, einmal nachzuschauen, wie die Bibel die Dinge bewertet, die von so vielen Menschen als so wahnsinnig wichtig angesehen werden. Sie sagt, dass Gott diese geldgierige Einstellung verabscheut! „Er verabscheut, wie ihr die Menschen beeindrucken wollt" (Lukas 16,15).

Wie gut, dass Gott in seiner Beziehung zu dir nicht auf äußerliche Dinge schaut, wie es die meisten Menschen tun: „Ich urteile nach anderen Maßstäben als die Menschen. Für die Menschen ist wichtig, was sie mit den Augen wahrnehmen können; ich dagegen schaue jedem Menschen ins Herz" (1. Samuel 16,7).

Gott verabscheut es, wenn Menschen so viel auf Äußerlichkeiten und Statussymbole geben, denn dadurch werden sie vom eigentlichen Ziel des Lebens abgelenkt. Stehen diese Dinge im Mittelpunkt, dann zerstören sie die Beziehung zu Gott und zu anderen Menschen. Solche rein äußerlichen, unechten Werte können dich davon abhalten, Gott zu dienen, später einmal ein guter Vater oder eine gute Mutter zu sein und glücklich im Berufsleben zu stehen.

Worauf möchtest du zurückblicken, wenn du alt geworden bist? Wenn du mich fragst: Ich möchte für Gott gelebt haben und mich an viele Menschen erinnern können, denen ich geholfen und die ich glücklich gemacht habe – in meinem Beruf und in meiner freien Zeit. Außerdem möchte ich auf eine intakte Familie schauen: auf eine Frau, mit der ich glücklich alt geworden bin, und auf viele Kinder, die sich an ihrem Leben freuen und Jesus dienen wollen, weil ich es ihnen so vorgelebt habe.

Das alles ist mir viel wertvoller als Geld, Macht, Intelligenz und Schönheit. Diese Dinge kann man schnell verlieren, während das andere bleibenden Segen hinterlässt. Wie ist es mit dir? Hast du schon mal darüber nachgedacht, was dein Leben für dich sinnvoll macht?

Gefährliche Spiele

Immer mehr Menschen finden Gefallen daran, sich mit dem Satan und seinen dämonischen Mächten zu beschäftigen. Für die meisten ist es zuerst nur Spaß, Nervenkitzel oder Zeitvertreib, für andere ist aus dem Spaß schon längst bitterer Ernst geworden. Sie sind den finsteren Mächten geradezu verfallen und werden sie nicht mehr los. Ich erwähne das hier, weil es auch schon junge Teenager betrifft.

Berichte und Geschichten über dieses Thema

gibt es in fast allen Zeitschriften. Darin wird einerseits natürlich versucht, dies alles als einen großen Bluff hinzustellen. Anderseits machen sie gerade die Leser neugierig, die bisher zum Glück noch nichts mit diesen okkulten Machenschaften zu tun hatten.

In einer bekannten Jugendzeitschrift las ich von drei Teenagern, die sich bei einer Wahrsagerin die Zukunft aus der Hand lesen ließen. In einer anderen Nummer beschrieb eine Bildgeschichte ein Mädchen, das durch die gefährliche okkulte Praxis des Tischerückens erfahren wollte, wie ihr zukünftiger Freund heißt.

Sicher hast du auch von dem alten Aberglauben gehört, man solle eine Unglückszahl, z. B. die 13, meiden. Andere wünschen sich Glück, indem sie „toi, toi, toi“ sagen, auf Holz klopfen oder sich gegenseitig die Daumen drücken. Heutzutage scheint es ganz wichtig, sein Sternzeichen zu kennen und sein Horoskop zu lesen, nur damit niemand behauptet: „Du lebst wohl hinter'm Mond!“.

Solche Menschen glauben allen Ernstes, dass ihr Schicksal von den Sternen bestimmt wird und dass der Standort der Gestirne zum Zeitpunkt ihrer Geburt entscheidend für ihren Charakter und ihre Zukunft ist. Was für ein Unsinn! Schließlich stammt dieser Glaube noch aus der Zeit, in der man glaubte, die Sterne seien Götter, und die Erde sei eine Scheibe.

Viele Teenager – aber auch Erwachsene – schauen sich sehr gern „Fantasy- Filme“ an, die sie in eine fantastische Märchenwelt mit Hexen, Zauberei, überirdischen Wesen, Dämonenkämpfen und finsteren Kulten entführen. In manchen dieser Filme wird sogar versteckt oder ganz offen der Teufel verehrt und angebetet. Viele dieser Filme sind alles andere als ein harmloser Zeitvertreib. Denn sie unterhalten nicht nur, sondern machen dem Zuschauer weis, dass er Hilfe und Erlösung aus dem Weltall, durch Fabelwesen, bei finsteren Mächten oder durch Zauberei bekommen kann und Gott daher gar nicht braucht. Dabei ist wirkliche Erlösung allein durch Jesus Christus möglich.

Das alles ist kein Bluff, Spaß oder Quatsch, denn den Teufel gibt es wirklich, auch wenn manche über solch eine Vorstellung lachen. Die Bibel sagt, dass er der Feind Gottes und der Verführer der Christen ist. Satan und seine dämonischen Mächte versuchen, Macht über die Menschen zu gewinnen. Sie wollen, dass die Menschen ihn anbeten und nicht Gott. Aber wer sich fest an Jesus hält, dem können die Mächte der Finsternis nichts anhaben. So steht es jedenfalls in der Bibel, und darauf können wir uns verlassen. „Ich habe euch die Macht gegeben, auf Schlangen und Skorpione zu treten und die Gewalt des Feindes zu brechen. Nichts wird euch schaden", sagt Jesus seinen Nachfolgern (Lukas 10,19). Das Beste ist, du lernst diesen Bibelvers auswendig. Wenn du Jesus in dein Leben aufgenommen hast und ihm folgen willst, brauchst du keine Angst zu haben. Jesus hat versprochen, immer bei dir zu sein und dir Schutz zu geben.

Bitte, nimm das, was ich jetzt sage, sehr ernst: Es kann dich in große Gefahr bringen, wenn du einfach nur mal so ausprobierst, ob es den Teufel wirklich gibt. Wenn du das tust, gibst du Gottes Feind Macht über dich und entfernst dich damit automatisch von Jesus. Und die Mächte der Finsternis versuchen, die Menschen mit allen Mitteln festzuhalten, die sich einmal mit ihnen abgegeben haben, zum Beispiel, indem sie sie mit Ängsten, Traurigkeit und bösen Gedanken quälen. Also: Ganz gleich, ob es um Horoskope, das Tragen eines Sternzeichens, okkulte Spiele, Filme oder Musik geht, lass bitte die Finger davon, und halte dich konsequent an Jesus! Die Bibel sagt, dass Gott es hasst, wenn Menschen ihr Vertrauen auf die Kraft seines Feindes setzen, denn der Satan ist ein Lügner von Anfang an und will nichts Gutes für die Menschen, die Gott erschaffen hat und so sehr liebt, dass er sogar seinen Sohn für sie hingab.

Die Macht der Musik

Wahrscheinlich wird Musikhören jetzt auch für dich immer interessanter. Ich denke an die vielen Teenager, die den MP3-Player in der Tasche, die „Stöpsel" in den Ohren, geistesabwesend in der Straßenbahn sitzen, auf Inline-Skatern vorbeisausen oder die Straße entlangschlendern. Bei manchen dröhnt die Musik so laut, dass sie die Umwelt anscheinend gar nicht mehr richtig wahrnehmen. Ob sie wohl wissen, dass diese Art, Musik zu hören, sie das Gehör kosten kann? Ganz im Ernst, schon viele Jugendliche sind durch MP3-Player und Discmans schwerhörig, manche sogar taub geworden. Leider lassen sich die Hörschäden nicht mehr rückgängig machen. Wenn du also hin und wieder mit „Stöpseln" hörst, tu deinen Ohren einen Gefallen und dreh die Musik nicht so laut auf.

Musikhören ist sicher etwas Schönes. Trotzdem ist es gut, darauf zu achten, wie viel Zeit du damit verbringst und was du dir alles anhörst. Manch einer kann die Stille kaum noch aushalten, deshalb läuft ständig das Radio oder der CD-Player. Doch was man sich da den lieben langen Tag wahllos anhört, beeinflusst unser Denken und Fühlen mehr, als wir wahrhaben wollen.

Musik kann Menschen in bestimmte Stimmungen versetzen, Gefühle verstärken, erzeugen oder abblocken. Wenn du hin und wieder bewusst auf die Musik in der Werbung, in spannenden, gruseligen oder lustigen Filmen achtest, hast du das sicher auch schon festgestellt. Die Musiker wissen das natürlich auch. Sie wollen ihren Hörern durch ihre Musik ein bestimmtes Gefühl geben oder ihr Denken sogar bewusst beeinflussen. Jemand, der sich zigmal eine Scheibe mit aggressiver Musik anhört, nimmt die Stimmung auf und wird schließlich selbst aggressiv und wütend. Das funktioniert auch bei eher trauriger oder heiterer Musik. Aus dieser Stimmung heraus möchten die Hörer dann oft plötzlich Dinge tun, auf die sie sonst wahrscheinlich nicht gekommen wären.

Da sehr viele Texte in Englisch gesungen werden und sowieso kaum verständlich sind, wissen die meisten Hörer gar nicht, worum es dabei geht. Würdest du einige der Texte verstehen, dann würdest du die eine oder andere CD wohl manchmal vor Abscheu in die Ecke werfen. Durch manche Titel werden Kindern und Heranwachsenden Texte eingehämmert, die die größten Abscheulichkeiten zum Inhalt haben: Brutalität und Tod, Vergewaltigung und sexuelle Quälereien, Satansanbetung und Gotteslästerungen. Vor allem die frühere „Hardrock"-Szene ist für solche Themen bekannt. Es gibt sie aber auch im neueren Gewand, zum Beispiel bei „Agro Berlin" oder „Marilyn Manson".

„Hip Hop"- und „Techno"-Musik können die Hörer und Tänzer durch ihre ständigen Wiederholungen in Trance versetzen und so „high" machen, dass sie alle guten Vorsätze vergessen und Dinge tun, die sie später bitter bereuen. Um bei Techno-Partys nächtelang tanzen zu können, schlucken viele Tausende von Jugendlichen das Aufputschmittel „Ecstasy“. Da es so harmlos und sauber wie eine Kopfschmerztablette aussieht und es so viele nehmen, verdrängen sie die schlimmen Folgen: Austrocknen und Überhitzung des Körpers, Leber- und Hirnversagen oder Herzstillstand. Als vor Kurzem in den Niederlanden wieder ein Jugendlicher starb, berichtete ein Polizist: „Der Körper des toten Jungen kühlte einfach nicht ab. Er ist noch tagelang warm geblieben. Da sieht man, was dieses Zeug anrichtet.“

Ich hoffe ja, dass du bis jetzt noch nicht allzu viel mit diesen Musikrichtungen zu tun hattest. Am besten ist, du lässt dich erst gar nicht darauf ein, auch wenn du vielleicht irgendwann von diesen Gruppen hören oder CDs angeboten bekommen solltest.

Höre lieber Musik, bei der du die Texte verstehen und bejahen kannst, Musik, die dich froh macht oder zum Nachdenken anregt. Inzwischen gibt es zum Glück sehr viel ansprechende christliche Musik in allen angesagten Stilrichtungen mit guten Texten und klasse Rhythmen. Frag mal deine Eltern oder stöbere selbst in einem Katalog. Gut sortierte christliche Bücher- und Musikläden, wo du auch vorher mal in die Scheiben reinhören kannst, oder „Büchertische“ können eine wahre Fundgrube sein, und Musikkataloge gibt es dort auch. Du wirst schnell merken, dass du eigentlich gar nicht auf irgendwelche lahme Musik angewiesen bist.

Sei also ruhig wählerisch bei der Musik, die du dir anhörst, und suche sie sorgfältig aus. Höre sie nicht als Berieselung, indem du den Kasten ständig laufen lässt, sondern lass Musikhören etwas Besonderes sein, zum Beispiel als Belohnung nach den Schularbeiten oder bevor du schlafen gehst.

Am meisten Spaß macht es natürlich, wenn du selbst singen oder ein Musikinstrument spielen kannst. Vielleicht haben dich deine Eltern ja mal in den Musikunterricht gehen lassen. Dann ist jetzt, wo du dich selbst für Musik interessierst, vielleicht die richtige Zeit, deine Kenntnisse wieder aufzufrischen und mutig wieder einzusteigen. Dass noch kein Meister vom Himmel gefallen ist, weißt du ja selbst, es gehört schon einiges an Üben dazu. Aber es lohnt sich. Als Erwachsener kann ich dir sagen, dass viele meiner Altersgenossen es jetzt bedauern, als Kind kein Instrument gelernt zu haben. Also, auch wenn du bis jetzt noch kein Instrument spielen kannst, bist du noch nicht zu alt dazu. Eine Flöte oder eine Gitarre lässt sich bestimmt auftreiben, um erstmal anzufangen.

Kannst du „Nein" sagen?

Zu einem ausgeflippten Leben, zu heißer Musik und zu geheimnisvollen Ritualen gehören leider auch oft Drogen. Ich meine damit chemische oder pflanzliche Stoffe, die einen Menschen in einen rauschartigen Zustand versetzen. Ich wundere mich immer wieder darüber, dass manche Menschen sie als harmlos hinstellen. Es gibt sogar Leute, die kleine, nett verpackte „Pröbchen" auf Schulhöfen, Spielplätzen und Skaterbahnen an Kinder verteilen. Manche Kids wissen zuerst gar nicht, was das ist, aber weil es so ähnlich aussieht wie etwas zum Naschen, probieren sie es aus, nicht ahnend, dass es zum Beispiel Marihuana oder Ecstasy ist. Falls du so etwas geschenkt bekommst, nimmst du es am besten gar nicht erst an oder zeigst es zuerst deinen Eltern oder deinem Lehrer, bevor du es aufmachst. Der Gebrauch von Drogen kann einen Menschen für sein ganzes Leben unheilbar krank und süchtig machen. Viele sind schon daran gestorben.

Da fällt mir wieder ein Beispiel aus einer sehr bekannten Jugendzeitschrift ein. In einer Ausgabe war eine Fotogeschichte abgedruckt, in der genau beschrieben wurde, wie man Heroin (das ist eins der gefährlichsten Rauschmittel) anwendet. Warnende Worte vor Drogen fehlten darin jedoch völlig. Das hat der Zeitschrift viel Ärger eingebracht, und beinahe wäre das weitere Erscheinen dieses Heftes verboten worden. Leider hat es nicht geklappt.

Kannst du dir vorstellen, wie so eine Fotogeschichte auf einen etwa 13-jährigen Leser wirkt, der vielleicht sowieso gerade unglücklich und unzufrieden ist? Wahrscheinlich wird er neugierig, denn in der Geschichte wird ihm vorgegaukelt: Wenn man Marihuana oder Hasch raucht, Heroin, LSD, Ecstasy oder andere Drogen nimmt, bekäme man schöne Gefühle und könne seinen ganzen Kummer locker vergessen. Verschwiegen wird aber, dass man von solchen Mitteln nicht nur süchtig wird und in der Regel nach immer stärkeren Mitteln greift, die schließlich die Gesundheit und den ganzen Menschen ruinieren. Nein, es wird auch verschwiegen, dass man seine Freunde verliert und kein Interesse mehr hat, etwas aus dem eigenen Leben zu machen. Viele landen auf der Straße, weil sie ihr ganzes Geld für Drogen ausgegeben haben. Sie kommen in einen wahren „Teufelskreislauf", aus dem sie nur schwer wieder ausbrechen können.

Das betrifft aber nicht nur die Mittel, die allgemein als Drogen bezeichnet werden und die du hoffentlich niemals in deinem Leben in die Hände bekommst. Bei Suchtmitteln wie Alkohol oder Nikotin, die jeder ohne viel Mühe bekommen kann, gilt im Grunde das Gleiche. Sie können deiner Gesundheit erheblichen Schaden zufügen. Ganz abgesehen von den Dummheiten und Gewalttaten, die ein betrunkener Teenager – natürlich auch ein Erwachsener – anstellen kann, zerstört ständiger Alkoholgenuss das Gehirn, die Leber und macht das Herz krank. Die Schadstoffe der Zigarette verursachen Krebs, Raucherbeine, Herz-Kreislauf-Krankheiten, Hirnkrankheiten und vieles andere mehr. Weil die inneren Organe bei Kindern und Teenagern noch nicht ganz ausgereift sind, sind Teenies sogar noch stärker gefährdet als ein ausgewachsener Mensch.

Aber warum greifen Teenager dann zu solchen Dingen? Rauchen, Jugendalkoholismus und Drogenkonsum und -abhängigkeit sind ein Riesenproblem in unserem Land. Ich glaube, es liegt zunächst daran, dass viele Erwachsene ein schlechtes Vorbild sind. Obwohl sie wissen, wie schädlich es ist, rauchen und trinken sie trotzdem zu viel und zu oft. Da denkt sich natürlich mancher Teenager, dass es ja nicht so schlimm sein kann. Welch ein Irrtum! Zum Glück gibt es inzwischen viele Erwachsene, die zumindest beim Rauchen ehrlich zugeben, dass sie zwar gern damit aufhören würden, es aber nicht schaffen, weil sie süchtig danach geworden sind. Hut ab vor allen, die es geschafft haben! Wenn es dagegen um Alkohol geht, wird immer noch viel gelogen. Man gilt als Schwächling, wenn man den Alkohol nicht „im Griff" hat, und wird schnell zum Außenseiter, wenn man nichts Alkoholisches trinkt. Dabei gehört viel mehr Stärke dazu, „Nein" zu sagen. Das hat auch schon Bertolt Brecht, ein bekannter deutscher Schriftsteller, gewusst. Er sagte einmal: „Es ist viel gewonnen, wenn einer aufsteht und ‚NEIN' sagt."

Ich will dir kurz die häufigsten drei Gründe nennen, durch die sich Jugendliche dazu verführen lassen, mit Drogen, Alkohol oder Rauchen anzufangen: Erstens meinen sie, das gehöre zum Erwachsensein, zweitens sind sie neugierig, und drittens haben sie Angst, ausgelacht zu werden.

Wenn man sich die Werbung auf Plakaten, im Fernsehen oder Kino ansieht, kann man schnell den Eindruck bekommen, dass erst eine „Kippe" im Mund und eine Flasche Bier oder ein Glas mit Hochprozentigem in der Hand einen Mann zum Helden, eine Frau zur Dame und beide zu richtigen Abenteurern und Draufgängern macht. Ich denke an den sympathischen Muskelprotz, der nach einem wilden Ritt durch die Prärie lässig seine Zigarettenpackung zieht, oder an die verführerische Dame, die einem Kreis von strahlenden Verehrern elegant zuprostet. Wer kommt sich da angesichts dieser Glitzerwelt nicht wie ein kleines, unbedeutendes Menschlein vor, das mit leeren Händen dasteht?

Neugierde und Langeweile haben schon manchen ins Unheil gestürzt. Dazu kommt der Gruppendruck: „Na los, mach schon mit! Sei keine Memme! Du bist wohl ein Muttersöhnchen?!“

Solche Sprüche können dir schon das Blut in den Kopf treiben, wenn gerade die Bierflasche weitergereicht oder Zigaretten verteilt werden.

Kannst du „Nein“ sagen? Vielleicht wird die nächste Klassenfahrt schon zu einer Bewährungsprobe für dich. Natürlich wird man dich hänseln, wenn du nicht mitmachst. Aber zeig den anderen ruhig, dass du dir deiner Sache sicher bist. „Ich kann auch anders cool sein“, könntest du lässig sagen. Oder: „Wenn ihr euch kaputtmachen wollt, dann ohne mich.“

Denk dran, die meisten, die dich verspotten, machen doch nur mit, weil sie nicht den Mut haben, den du gerade gezeigt hast. Und als Erwachsener kann ich dir sagen, viele werden dich im Nachhinein darum beneiden, dass du stark geblieben bist. Und noch eins: Viele Teenager respektieren Jungen und Mädchen, die Rückgrat haben und beweisen, dass sie einen eigenen Willen haben und auch zu ihrer Überzeugung stehen, wenn sie ausgelacht und gehänselt werden. Mit dieser Haltung gewinnst du auf jeden Fall mehr Achtung, als wenn du mit schlechtem Gewissen alles mitmachst.

Was soll ich denn nun glauben?

Wahrscheinlich begegnen dir nur wenige Lehrer und Schulkameraden, die so an Jesus und die Bibel glauben, wie du es von zu Hause, von eurer Kirchengemeinde oder von deiner Bibelgruppe her kennst. Falls dich das traurig macht, möchte ich dich ermutigen: Du glaubst das Richtige und solltest daran festhalten!

Auch wenn es in deiner Umgebung anscheinend nur wenige Christen gibt, also Menschen, die ganz bewusst mit Jesus leben – in der ganzen Welt gibt es Millionen bibelgläubige, entschiedene Christen. Es gibt etliche Gemeinden, in denen in jedem Gottesdienst zigtausend Menschen zusammenkommen. Ich weiß aber auch von Schulen in Deutschland, wo sich jeden Tag Schüler in Gruppen treffen, um zusammen zu beten. Ein guter Freund erzählte mir sogar von einer ganzen Schulklasse, die sich bekehrt hat und danach jeden Tag mit ihrem Lehrer betete. Ich sage dir das für den Fall, dass du meinst, es gäbe nicht viele Christen, weil du um dich herum so wenige siehst.

Wenn du einen Religionslehrer oder Pfarrer hast, der nicht wirklich an Jesus glaubt, kann es sein, dass manches gar nicht stimmt, was er über die Bibel und Gott sagt. Manche meinen nämlich, Gott sei so etwas wie eine Idee oder ein Wesen, das sich die Menschen nur ausgedacht hätten. Für sie ist Gott nicht wirklich da, denn sie haben ihn nie erlebt. Dabei sagt die Bibel, dass Gott die Erde geschaffen hat und jeden Menschen sehr lieb hat. Darin lesen wir auch, dass jeder Mensch einmal persönlich vor Gott treten muss, um über sein Leben auf der Erde Rechenschaft abzulegen.

Viele Menschen denken, dass Jesus ein guter und sogar vorbildlicher Mensch gewesen ist, ein Revolutionär, der zwar einiges grundlegend verändert hat, aber schon längst gestorben ist. Dabei ist Jesus viel mehr als das. Er ist Gottes Sohn, der „Christus“ – also der Erlöser –, der nicht nur gekreuzigt wurde, sondern auch von den Toten auferstanden ist und heute noch Schuld vergibt.

Manche meinen, die biblischen Berichte über die Wunder, die Jesus getan hat, seien nichts weiter als Märchen, die die Leute erfunden hätten. Aber ich glaube, dass sie so geschehen sind, wie es die Bibel berichtet. Viele Menschen zweifeln die Bibel an und meinen, dass sie ein Buch sei, in dem Menschen ihre eigenen Gedanken aufgeschrieben hätten. Sie können sich einfach nicht vorstellen, dass Gott die Menschen durch seinen Heiligen Geist angeleitet hat, alles genau so aufzuschreiben, wie er es haben wollte. Dabei war es genau so, das können wir in der Bibel nachlesen (siehe 2. Petrus 1,20). Deshalb können wir alles glauben, was wir darin lesen.

Vielleicht hat dir auch schon jemand gesagt, Jesus Christus sei nicht der einzige Weg zu Gott, weil es so viele andere Möglichkeiten gebe, zum Beispiel die anderen Weltreligionen: den Islam, Buddhismus oder Hinduismus. Sie meinen, man könne außerdem auch durch eigene Anstrengungen, wie Meditation oder einen guten Lebenswandel, zu Gott finden. Das stimmt so nicht! Die Bibel sagt, dass Jesus der einzige Weg zu Gott ist. Er ist die einzige Wahrheit, die die Menschen frei macht, mit Gott zu leben, und nur in ihm ist das wahre Leben (siehe Johannes 14,6).

Schon immer haben die Menschen darüber nachgedacht, wo sie eigentlich herkommen. Manche stellen es sich so vor, dass der Mensch sich ganz von selbst in einem langen Zeitraum von mehreren Millionen Jahren schließlich aus einem Affen heraus entwickelt hat. Diese Menschen haben wirklich einen sehr starken Glauben, denn diese Behauptung konnte bisher noch niemand beweisen. Im Gegenteil. Immer wieder stellt sich heraus, dass wichtige

Teile dieser Vorstellung nicht stimmen können. Jetzt stand zum Beispiel in der Tageszeitung, dass der Neandertaler, der viele Jahre lang als unser Urvater galt, keinerlei gemeinsame Erbanlagen mit dem modernen Menschen hat – und deshalb überhaupt kein Vorfahre des Menschen sein kann. Und dies ist nur eine von vielen Thesen, die sich als Irrtum erwiesen hat. Da ist es schon besser, dem zu trauen, was wir in der Bibel lesen: nämlich dass Gott – als intelligentes Wesen – die ganze Erde und den Menschen geschaffen hat, nicht aus einem Affen, sondern nach seinem eigenen Bild.

Allerdings hat der Mensch Gott gegenüber Schuld auf sich geladen, er ist in Sünde gefallen und lebt nun getrennt von ihm. Seitdem hat jeder Mensch hin und wieder den Drang, Böses zu tun. Das ist auch bei mir und bei dir so, stimmt's? Deshalb braucht jeder die Erlösung und die Hilfe von Jesus Christus, um über das böse Drängen in sich Herr zu werden. Vorher wird es keinen Frieden auf der Erde geben. Es stimmt nicht, dass der Mensch von Geburt an gut ist und nur die böse Gesellschaft und die unfähigen Eltern ihn schlecht machen. Man kann die Schuld nicht einfach auf andere schieben.

Jetzt habe ich dir einen langen Vortrag gehalten. Aber ich denke, es war wichtig. Vielleicht genehmigst du dir erst einmal eine Pause, bevor du weiterliest, und denkst darüber nach, ob du auch wirklich alles verstanden hast. Wenn nicht, lies es ruhig noch einmal durch oder frag deine Eltern oder einen guten Freund.

Wie steht es mit der Liebe?

Jetzt möchte ich noch ein Thema anschneiden, auf das du sicher schon gewartet hast: das Thema Freundschaft und Liebe.

In den nächsten Jahren wirst du mehr und mehr Interesse an Menschen des anderen Geschlechts gewinnen und ganz neue Gefühle entdecken. Das wird dich vielleicht ganz schön durcheinanderbringen. Als Junge wirst du dich von Mädchen angezogen fühlen, und trotzdem wird es dir vielleicht peinlich sein, wenn du dich zum ersten Mal mit einem Mädchen alleine triffst. Manch einer kommt sich dabei wie ein Chamäleon vor: Die Gesichtsfarbe wechselt laufend von blass zu rot und umgekehrt. Wenn du ein Mädchen bist, wirst du dich dabei ertappen, oft an einen bestimmten Jungen zu denken.

An diesem Verliebtsein ist überhaupt nichts Schlechtes. Im Gegenteil, es ist etwas Wunderbares. Gott hat es eingerichtet, damit sich der Mensch einmal eine eigene Familie wünscht.

Sexuelles Verlangen

Gott hat auch das sexuelle Verlangen in den Menschen hineingelegt. Gewinnt ein Mann eine Frau lieb, wünscht er sich nach der Zeit des Kennenlernens, sie zu streicheln, zu küssen und ihr körperlich nahe zu sein. Genauso möchte eine Frau dem Mann, den sie liebt und bewundert, ganz nah sein. Bei diesen schönen Gefühlen erwacht das sexuelle Verlangen. Dann möchten die beiden auch gern den Höhepunkt körperlicher Nähe erleben, den Geschlechtsverkehr, bei dem der Mann sein Glied in die Scheide seiner Frau führt und beide durch die Bewegung des Gliedes einen gefühlsmäßigen Höhepunkt erleben.

Dieses schöne Erlebnis gehört allerdings – wie es die Bibel sagt – in den Schutz und in die Geborgenheit einer vor Gott geschlossenen Ehe. Junge Menschen müssen lernen, darauf zu warten. Viele wollen das nicht einsehen und versündigen sich deshalb. Sie meinen, man könnte Geschlechtsverkehr haben, wann einem gerade danach zumute ist.

Auch in dir wird einmal sexuelles Verlangen wach werden. Das ist völlig normal, Gott hat dich so geschaffen. Er erwartet aber, dass du dein Verlangen beherrschst und die Zeit bis zur Ehe abwartest. Auch wenn es noch viele Jahre dauern wird: Fasse schon jetzt den Entschluss, deinen Körper für die Person aufzuheben, die du einmal heiraten wirst. Damit befolgst du Gottes Wort und bereitest deinem zukünftigen Ehepartner das schönste Geschenk, das man einem Menschen in der Ehe machen kann. Viele, die dies nicht befolgt haben, haben sich und ihrem Ehepartner große Probleme bereitet.

Ich sage das so eindringlich, weil dir von vielen Seiten gerade das Gegenteil empfohlen wird. Ich

denke dabei zum Beispiel an die in diesem Buch schon erwähnte *Bravo,* die von den meisten Teenagern in deinem Alter gelesen wird. Sie vermittelt ein vollkommen falsches Bild von Freundschaft, Liebe und Sexualität. So bringt die Seite „Liebe, Sex und Zärtlichkeit“ regelmäßig recht offenherzige Berichte über den Wunschtraum des ersten Geschlechtsverkehrs, und das von Kindern, die kaum älter sind als du. Diese Berichte sollen angeblich von Teenagern sein. Nachdem ich mehrere gelesen habe, kann ich mich des Eindrucks nicht erwehren, dass sie der schmutzigen Fantasie einiger Erwachsener entstammen.

Diejenigen, die die „freie Liebe“ anpreisen, verschweigen die schlimmen Folgen, die eintreten können, wenn man sich nicht an Gottes Weisungen hält.

Inzwischen weiß ja jedes Kind, dass durch Sex Geschlechtskrankheiten und einige ernsthafte, zum Teil sogar tödliche Krankheiten übertragen werden – AIDS ist nur eine davon. Kondome bieten zwar einen gewissen Schutz, aber wer sich vormacht, damit auf der ganz sicheren Seite zu sein, hat sich gründlich getäuscht, denn die HIV-Erreger sind so klein, dass sie das Kondom durchdringen können. Außerdem können Kondome platzen oder beschädigt werden.

Die Möglichkeit, ungewollt schwanger zu werden, wird gerade von Teenagern gern völlig vergessen. So geraten jedes Jahr viele Mädchen und junge Frauen in eine traurige Situation. Vor kurzer Zeit habe ich in der Zeitung gelesen, dass ein zwölfjähriges Mädchen Mutter geworden ist. Kannst du dir vorstellen, was das für ein Kind oder für einen jungen Menschen bedeuten kann? Wird die „Mutter" ihren Schulabschluss machen können? Wird es auch der sein, den sie braucht, um ihren Wunschberuf zu erlernen? In welchem Ausmaß wird sie durch die frühe Mutterschaft bei Berufs- oder Studienwahl, Partnerwahl, in ihrer Persönlichkeitsentwicklung, ihren Freizeitaktivitäten, ihrem Freundeskreis usw. eingeschränkt sein? Wie wäre es für das Kind, ohne die Geborgenheit einer eigenen Familie, in einer Pflegefamilie, bei der „Oma" oder bei Adoptiveltern aufzuwachsen? Und wie wäre das für die Mutter? Viele Fragen!

Leider wird vielen erst klar, was passiert ist, wenn es schon zu spät ist. Dann erscheint eine Abtreibung leicht als die einfachste, schnellste und scheinbar sauberste Lösung. Aber ich kenne, ehrlich gesagt, sehr wenige Menschen, die auf Dauer mit dem Gedanken leben können, ihr Kind getötet zu haben, damit sie selbst es einfacher haben.

Dann ist da noch das seelische Leid derer, die von ihrem Partner enttäuscht und verlassen worden sind. Nicht zuletzt plagt einen auch noch das schlechte Gewissen. Es quält viele, weil sie ahnen, dass es nicht richtig ist, vor der Ehe Geschlechtsverkehr miteinander zu haben. Gott hat schon seine Gründe dafür, dass er die geschlechtliche Liebe in den Rahmen der „Schutzzone“ Ehe gestellt hat und den unverantwortlichen Umgang mit der Sexualität eindeutig verbietet. Nicht, weil er den Menschen keinen Spaß und keine Freude gönnen würde, sondern ganz im Gegenteil, weil er sie vor den katastrophalen Folgen ihres eigenen falschen Handelns bewahren will.

Zu Freundschaft, Liebe und Sexualität gäbe es noch viel zu sagen, manchen in deinem Alter interessiert das Thema brennend, andere lässt es noch kalt. Wenn du jetzt oder später mehr dazu lesen möchtest, empfehle ich dir das Buch von Joshua Harris „Ungeküßt und doch kein Frosch. Warum sich Warten lohnt – radikale Einstellungen zum Thema Nr. 1“ (Gerth Medien).

Selbstbefriedigung

Unter Selbstbefriedigung versteht man, dass ein Junge sein Glied reibt, bis er einen Samenerguss bekommt, oder ein Mädchen ihre Scheide streichelt, bis sie einen gefühlsmäßigen Höhepunkt, den Orgasmus, erlangt. Das tun sehr viele Jungen und Mädchen während ihrer Teenagerzeit. Auch manche Erwachsene kommen von dieser Gewohnheit nicht los.

Nun ist ein Junge wesentlich anfälliger für eine Selbstreizung seines Geschlechtsteils als ein Mädchen. In seinem Körper werden nämlich ständig Samenzellen hergestellt und gespeichert. Diese Samenzellen stößt der Körper normalerweise in unregelmäßigen Abständen selbstständig von sich; in der Regel im Schlaf. Oft ist dieser Samenerguss mit einem erregenden Traum und schönen Gefühlen verbunden. Deswegen kann ein Junge verleitet werden, dieses Hochgefühl durch die Reizung seines Gliedes bewusst herbeizuführen. Bei Mädchen liegt diese biologische Ursache nicht vor. Deswegen haben sie es in diesem Punkt etwas leichter.

Früher hat man viele Schauergeschichten über die Selbstbefriedigung erzählt. Sie würde den jungen Menschen krank und schwach machen, sogar geisteskrank. Das stimmt natürlich nicht. Aber es ist auch nicht richtig, so zu tun, als wäre Selbstbefriedigung die harmloseste Sache der Welt, und es würde dir – wie manche sagen – nur gut tun, deinen Körper auf diese Art zu erforschen.

Allein die Menschen, die trotz aller Aufklärung ein schlechtes Gewissen dabei haben und sich schmutzig fühlen, und die armen Gestalten, die einfach nicht damit aufhören können und es immer und immer wieder tun müssen, zeigen doch, dass Selbstbefriedigung zu einer Sucht werden kann.

Ich wünsche dir, dass dies in deinem Leben nie ein großes Problem wird. Darum der Ratschlag: Lass dich erst gar nicht darauf ein. Und wenn es dich doch reizt: Sieh zu, dass es nicht so häufig geschieht.

Übrigens, wenn du dich um eine reine Fantasie bemühst und sexuell aufreizende Bilder auf Plakaten, in Zeitschriften und Filmen einfach nicht anschaust, wirst du viel besser bei deinem Vorsatz bleiben können. Selbstbefriedigung ist nämlich zum größten Teil ein Problem von Teenagern, die viel Langeweile haben und sich einsam fühlen. Sie suchen in diesem Lusterlebnis einen Ersatz für ihre fehlende Lebensfreude.

Nacktheit und Schamgefühl

Im Vergleich zu früher hat sich heute in unserer Einstellung zur Sexualität viel geändert. Gut ist, dass man nicht mehr verschämt darüber schweigen muss, sondern offen darüber sprechen kann. Schlecht ist, dass es viele Menschen übertreiben und meinen, dass man alles zur Schau stellen darf – zum Beispiel in Badeanstalten, an Stränden und auch beim Sonnenbaden in Parks. Viele von ihnen kommen sich ganz toll oder modern dabei vor, wenn sie sich oben ohne oder auch ganz ohne präsentieren.

Was ist normal? Ich glaube, Gott hat in jeden Menschen eine Schutzfunktion gegen eine übertriebene Zurschaustellung hineingelegt: das Schamgefühl. Leider haben sich viele Menschen dieser natürlichen Scham in sexuellen Dingen entledigt.

Du kennst es sicher auch: Meistens ist das Schamgefühl zu Beginn der Pubertät besonders stark. Zum Beispiel genierst du dich plötzlich, mit deinen Geschwistern zusammen in die Badewanne zu steigen und dich von ihnen anstarren zu lassen. Besonders Mädchen geht das so, wenn ihre Brüste anfangen, sich zu entwickeln. Im Freibad vollbringen manche tolle Kunststücke, um sich, geschützt vor den Blicken anderer, unter einer Wolldecke oder einem Handtuch umzuziehen. Wenn es im Schulunterricht um Sexualität geht, gibt es fast immer ein paar rote Köpfe, Gekicher und ein paar schmutzige Witze, weil dieses Thema so persönlich, spannungsgeladen und für manche einfach fremd ist.

Sich zu schämen und seinen sich entwickelnden

Körper vor den Blicken anderer zu schützen, ist eine ganz normale, menschliche Reaktion. Dieses Empfinden solltest du dir nicht rauben lassen, auch wenn sich andere über dich lustig machen.

Die Fähigkeit, Scham zu empfinden, hat nur der Mensch. Bei Tieren gibt es das nicht. Hunde begatten sich auch mitten auf der Straße, wenn ihre Sexualhormone gerade besonders wirken. Allein das mit anzusehen, ist manchen Menschen schon peinlich. Wenn ein Mensch sich ständig nackt zur Schau stellt, begibt er sich auch auf die Stufe eines Tieres, dem jegliche Scham fremd ist.

Homosexualität

Vielleicht wunderst du dich, dass ich in diesem Buch auch über Homosexualität sprechen möchte. Ich tue es deshalb, weil du früher oder später einmal davon hören oder vielleicht sogar damit in Berührung kommen wirst. Unter Homosexualität versteht man eine gleichgeschlechtliche Zuneigung und sexuelle Erregung. Gemeint ist, dass ein Mann mit einem Mann oder eine Frau mit einer Frau zärtlich ist und sie einander sexuell befriedigen. Bei Frauen nennt man das auch „lesbische Liebe".

Viele meinen heutzutage – und so steht es natürlich auch in den Jugendzeitschriften –, dass Homosexualität lediglich eine andere Form von Sexualität und total okay sei. Doch die Bibel bezeichnet Homosexualität als Sünde, weil der Mensch seine eigene Sexualität verdreht und nicht so lebt, wie Gott ihn geschaffen hat. Gott schuf den Menschen als Mann und Frau (siehe 1. Mose 1,27). Er hat das Geschlecht bereits festgelegt, wenn ein Kind im Mutterleib heranwächst. Damit der Mensch seine Sexualität leben kann, schuf Gott für Adam jemanden, der zu ihm passt: die Frau. Und umgekehrt hat er für die Frau den Mann geschaffen. Mit einfachem Verstand und bloßem Auge ist das ja auch deutlich zu erkennen: Die Frau ist in sexueller Hinsicht passend für den Mann gemacht und andersherum gilt das gleiche.

Lass dich niemals von einem Erwachsenen, einem anderen Jungen beziehungsweise einem anderen Mädchen verleiten, euch gegenseitig zu streicheln und zu erregen. Wenn das jemals geschehen sollte, sprich mit deinen Eltern darüber oder mit einer Person, zu der du Vertrauen hast, damit sie dir helfen und mit dir beten können.

Freundschaft und Liebe

Die meisten Teenager haben es heute furchtbar eilig, eine Freundin oder einen Freund zu finden. Wenn ein Mädchen mit zwölf oder 13 Jahren noch keinen Freund vorweisen kann, wird sie von ihren Klassenkameradinnen häufig nicht für voll genommen oder als Mauerblümchen abgestempelt. Umgekehrt gilt das natürlich auch. Freund oder Freundin ist für manche in deinem Alter ein Gesprächsthema, das sie bis in ihre Träume verfolgt.

Und gerade das ist nicht gut! Wenn du jetzt zwölf oder 13 bist, dann ist es zunächst einmal wichtig, dass du mit deinem eigenen Leben klarkommst. In dem Durcheinander, das die Pubertät in dir bewirkt, musst du erst einmal eine eigene Persönlichkeit werden. Alles Herumflirten hindert dich nur daran.

Darum hör dir auch noch diesen Ratschlag von mir an: Mach bei den Teenie-Liebeleien und Schmusereien um dich herum einfach nicht mit. Was du jetzt als Junge brauchst, ist ein guter Freund oder als Mädchen eine beste Freundin. Möglichst jemanden, mit dem oder mit der du über alles sprechen und auch beten kannst.

Kapsele dich nicht ab, und sei in deiner Schulklasse oder wo du sonst mit Gleichaltrigen zusammen bist, ein guter Kumpel, der höflich mit dem anderen Geschlecht umgeht. Das gilt vor allem für die Jungen: Bewahre dir reine Gedanken, und mach bei den schmutzigen Sprüchen nicht mit. Das wird dich bei den Mädchen beliebt machen. Und als Mädchen: Achte darauf, dass dir kein Junge zu plump kommt. Mach deutlich, dass du eine Persönlichkeit bist, die man nur mit Achtung und Höflichkeit gewinnen kann. Dann wirst du viele heimliche Verehrer haben.

Wenn du später einmal nach einem Freund oder nach einer Freundin Ausschau hältst – und welcher Teenager sehnt sich nicht danach – dann achte darauf, dass der- oder diejenige auch Christ ist. In einer anderen Freundschaft ist es auf Dauer ziemlich schwierig, eine tragfeste Grundlage für ein zukünftiges erfülltes Eheleben zu finden und Jesus trotzdem nahe zu bleiben.

Die Bibel sagt: „Macht nicht gemeinsame Sache mit Leuten, die nicht an Christus glauben. Gottes Gerechtigkeit und die Gesetzlosigkeit dieser Welt haben so wenig miteinander zu tun wie das Licht mit der Finsternis ... Was verbindet einen an Christus Glaubenden mit einem Ungläubigen?" (2. Korinther 6,14–15).

Mit ungläubigen Menschen kannst du sicherlich gut kameradschaftlich zusammen sein und ihnen deinen Glauben an Jesus bezeugen. Aber eine tiefe Freundschaft wird nicht möglich sein. Darunter verstehe ich nämlich, dass man die wichtigsten Dinge miteinander teilen kann. Dass man gemeinsam über den Glauben an Jesus Christus sprechen und vor allem miteinander beten kann. Aber das geht mit einem ungläubigen Freund oder einer ungläubigen Freundin einfach nicht.

Und noch ein letztes Wort zur Liebe: Die meisten Teenager haben eine völlig falsche Vorstellung davon. Für sie ist Liebe ein seltsames, kitzeliges Gefühl, das kommt und geht, wie es will. Es flattert wie ein Schmetterling von einer Blüte zur anderen und ist nicht unter Kontrolle zu bekommen. Wie können sie auch anders denken? Nahezu täglich bekommen sie es in den Schlagern, Filmen und Illustrierten so vorgesetzt.

Vor einiger Zeit machten Claudia, meine Frau, und ich einen Abendspaziergang. Zum Abschluss setzten wir uns in ein Restaurant. Ein uralter Schlager mit einer sehr eingängigen Melodie dudelte aus dem Lautsprecher: „Die Liebe ist ein seltsames Spiel, sie kommt und geht von einem zum andern ..."

Wächst ein Teenager einzig und allein mit dieser Vorstellung von Liebe auf, dann haben seine Freundschaft oder eine spätere Ehe – wenn es überhaupt so weit kommt – wahrscheinlich kaum Chancen auf Dauerhaftigkeit. Auf solch einem wackeligen Fundament kann man keine Beziehung aufbauen.

Wenn zwei junge Menschen Zuneigung zueinander verspüren und sich ineinander verlieben, muss zu diesem Verliebtsein der Willensentschluss kommen, diesem Menschen ein Leben lang treu zu bleiben – in guten wie in schlechten Tagen. Denn genau dieses Versprechen wirst du deinem Ehepartner einmal vor dem Traualtar geben. Zu einer richtigen und tragfähigen Liebe gehört der feste Entschluss, dem lieb gewonnenen Menschen treu zu sein und ihm Gutes zu tun. Diese Hingabe allein wird dann das Gefühl des Verliebtseins ein ganzes Leben lang aufrechterhalten können.

Doch eine so weit reichende Entscheidung muss man sich gut überlegen. Mit 13 Jahren kannst du sie einfach noch nicht treffen!

Zunehmen an Wachstum und Reife

Deinen Weg ins Erwachsenenalter kann man mit der Teilnahme an einer „Rallye“ vergleichen. Strahlend und siegesgewiss stehen die jungen Helden mit ihren vor PS strotzenden Schlitten am Start – fest davon überzeugt, dass sie genug Kondition für die lange, schwierige Strecke haben und natürlich den besten Wagen fahren. Manchem erfahrenen Pistenhasen wird allerdings ganz mulmig, wenn er sieht, mit welchem Überschwang, Leichtsinn und mit wie wenig Erfahrung manche Rennpiloten den Kurs bewältigen wollen.

Und dann geht es los. In klirrender Kälte, auf schneebedeckten, eisigen Straßen und in der „Nacht der langen Messer“ müssen sich die Piloten bewähren. Nervenaufreibende Abschnitte sind zu bewältigen. Auf Serpentinen schrauben sich die röhrenden Wagen in die Höhe, auf dem Weg ins Tal kreischen die Reifen. Es geht durch enge Schluchten und atemberaubende Spitzkehren. Hier bricht ein Wagen aus der Kurve. Fassungslos klettert der aschfahle Fahrer aus dem qualmenden Autowrack. Ein anderer bleibt in einem Schneeloch stecken. Ohne einen umsichtigen Kopiloten und eine genaue Straßenkarte hätten die gestressten Fahrer wohl kaum eine Chance, das Ziel sicher zu erreichen.

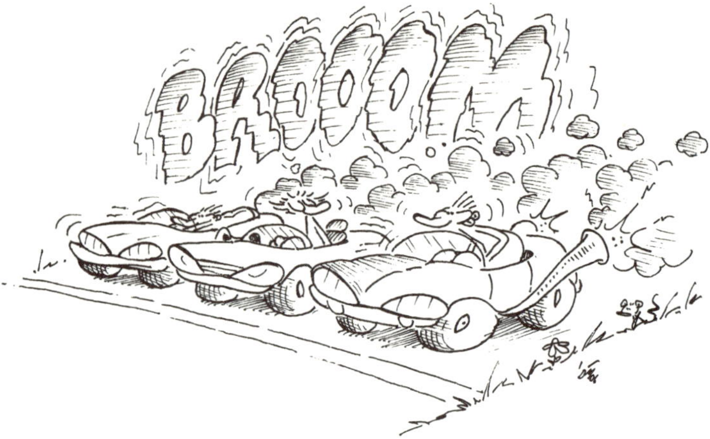

Für dich wird es in den nächsten Jahren ähnlich spannend, auch du trittst eine Fahrt durch gefährliche Kurven und über tückische Eisflächen an. Aber du gehst ja nicht unvorbereitet ins Rennen. Du hast dieses Buch gelesen und weißt, welche Prüfungen und Herausforderungen auf dich warten. Vor allem kannst du, wenn du es willst, die genaueste Straßenkarte und den besten Kopiloten bei dir haben: die Bibel und Jesus Christus.

Es gibt mehrere Möglichkeiten, auf die Herausforderungen der Teenagerjahre zu reagieren. Ich will sie dir kurz an drei Beispielen beschreiben:

Da ist zum Beispiel Sascha. Er gehört zu den Mitläufern und folgt den Anheizern in seiner Klasse. Schließlich will er kein Außenseiter sein. Manchmal ist ihm zwar etwas mulmig dabei zumute, aber meistens findet er es ganz reizvoll. Er macht jeden Streich und jede Dummheit mit, egal, ob es darum geht, Klassenkameraden zu hänseln oder heimlich schmierige Zeitschriften anzusehen. Als sie neulich zu dritt Zigaretten vom Kiosk mitgehen ließen, ging ihm das eigentlich zu weit, aber weil er kein Weichei sein wollte, machte er trotzdem mit.

Von diesen Saschas gibt es viele. Oft geraten sie in immer schlimmere Situationen. Dabei interessiert es sie zunächst überhaupt nicht, welche Folgen das für ihr eigenes Leben und für die Beziehung zu ihren sicher besorgten Eltern hat. Häufig verlassen diese rebellischen Jugendlichen ihr Elternhaus, so früh es nur irgendwie geht.

Julia ist da schon vorsichtiger. So ganz möchte sie es sich mit ihren Eltern ja auch nicht verderben. Sie gehört zu den Teenagern, die meinen, zwei Leben führen zu können. Kaum ist Julia aus dem Haus, macht sie jeden Mist mit, aber vor ihren Eltern spielt sie die brave Tochter. Sonntags trottet sie widerwillig mit zum Gottesdienst und hofft inständig, dass von ihren Freunden keiner mitbekommt, dass sie fromme Eltern hat.

Auf die Dauer ist so ein Doppelleben allerdings ganz schön anstrengend. Mit einem Fuß im Rinnstein und mit dem anderen auf dem Bürgersteig zu hinken, ist schließlich gar nicht so einfach. Julia kann weder ihr wildes noch ihr braves Leben richtig genießen. Und dann ist da noch ihr ständig schlechtes Gewissen. Hoffentlich entscheidet sich Julia bald, was sie eigentlich mit ihrem Leben vorhat.

Ich möchte dir eine andere Möglichkeit vorschlagen, ohne Zweifel die beste. Nimm Jesus Christus als Kopiloten in deinen Lebenswagen auf und studiere eine ordentliche Straßenkarte, nämlich die Bibel. Dann wirst du wissen, wo es langgeht. Warum entscheidest du dich nicht schon heute, ihm dein Leben anzuvertrauen und dich nach dem zu richten, was er dir durch die Bibel deutlich macht.

Ich will dir die Geschichte von einem Teenager erzählen. Er hieß Eberhard. Ja, tatsächlich, dieser

Teenager war ich. Ich wuchs in einem guten, christlichen Elternhaus auf. Meine Eltern hatten mich lieb und erklärten mir alles, was zum Christsein gehört. Ich verhielt mich auch mehr oder weniger danach. Aber ihre gut gemeinte Erziehung konnte mich nicht zu einem wirklichen Christen machen. Je älter ich wurde, umso deutlicher spürte ich, dass ich mich selbst entscheiden musste. Wie Julia gehörte ich zu den gerade beschriebenen „Doppelgängern". Zu Hause versuchte ich, brav zu sein und den frommen Kram mitzumachen, aber in der Schule und bei den Nachbarskindern machte ich mit schlechtem Gewissen manches mit, wovon ich lieber die Finger hätte lassen sollen; das wusste ich.

Dann saß ich mal wieder im Gottesdienst; zufällig war es Karfreitag. Die Predigt interessierte mich nicht sonderlich. Ich sah auf die Uhr, zählte gelangweilt die Butzenscheiben der Kirchenfenster und überlegte mir, wie ich wohl diesen langweiligen Feiertagsnachmittag etwas interessanter gestalten könnte. Da traf mich plötzlich ein Satzfetzen aus der Predigt wie ein Hammerschlag: „Nur die Begegnung mit dem auferstandenen Herrn kann dich erretten ..."

Plötzlich war ich putzmunter. Wie in einem Film lief mein kurzes Leben vor meinem inneren Auge ab. Ja, ich hatte alles mitgemacht. Ich war zur Kinderstunde gegangen, ich hatte beim Gebet die Hände gefaltet und brav in der Bibel gelesen. Aber eine Begegnung mit dem auferstandenen Herrn, eine persönliche Beziehung zu Jesus, hatte ich nicht. Diese Erkenntnis traf mich wie ein Schlag. Plötzlich wurden mir mein Doppelleben und meine Gottesferne bewusst.

An diesem Nachmittag lief ich wie irre durch die Wälder unserer Stadt und stellte mir immer wieder die gleichen Fragen: Wie kann ich Jesus Christus begegnen? Wie kann ich mit Sicherheit wissen, dass er wirklich auferstanden ist und lebt? Ich wollte es unbedingt wissen.

In meiner Hilflosigkeit rief ich unseren Pastor an und sprudelte mein Anliegen aufgeregt heraus. Dann radelte ich zu ihm, und wenig später erklärte er mir, wie ich zu Gott finden könnte.

„Schau“, sagte er, „du kommst dir vor, als stünde eine Mauer zwischen dir und Gott. Du weißt, dass es ihn gibt und möchtest Frieden in deinem Herzen haben, aber irgendwie kannst du nicht dazu durchdringen.“

Erstaunt nickte ich. Genau so war mir zumute. Aber wie konnte ich diese Mauer beseitigen?

Dann las er mir Jesaja 59,1–2 vor: „Ihr meint wohl, der Herr sei zu schwach, um euch zu helfen, und dazu noch taub, so dass er eure Hilferufe gar nicht hört. O nein! Eure Schuld – sie steht wie eine Mauer zwischen euch und eurem Gott! Eure Sünden verdecken ihn, darum hört er euch nicht.“ Danach wusste ich, was ich zu tun hatte. Es war, als hätte ich eine Stimme in mir, die sagte: „Eberhard, das, was du in letzter Zeit heimlich angestellt hast, steht wie eine Mauer zwischen dir und Gott. Deswegen kommst du dir jetzt so verlassen vor und hast keinen Zugang zu ihm.“

„Weißt du, was du jetzt tun solltest?“, fragte mich der Pastor. „Du solltest dir ein Stück Papier nehmen, dich nach nebenan setzen und einmal alles aufschreiben, was dir an Verfehlungen einfällt. Aber bete vorher, damit dir der Heilige Geist hilft, alles aufzuschreiben“, gab er mir noch mit auf den Weg.

Nach einer halben Stunde saß ich wieder in seinem Arbeitszimmer. Ich hatte doch tatsächlich einige Seiten mit Dingen vollgeschrieben, die in Ordnung gebracht werden mussten: Hier ein Griff in die Haushaltskasse meiner Mutter, dort unangemessenes, unfreundliches Verhalten und unreine Gedanken. Vor allem war da eine dicke Lüge, die mich anklagte.

Beschämt bekannte ich Jesus alles – vor den Ohren meines Pastors. Das fiel mir nicht leicht, aber ich wollte jetzt ganze Sache machen. Mit brüchiger Stimme und einem dicken Kloß im Hals bat ich Jesus um Vergebung und um ein neues Leben unter seinem Schutz und seiner Führung.

Wie gut verstand ich danach den Bibelvers, den mein Pastor mir anschließend vorlas: „Wenn wir aber unsere Sünden bereuen und sie bekennen, dann dürfen wir darauf vertrauen, dass Gott seine Zusage treu und gerecht erfüllt: Er wird unsere Sünden vergeben und uns von allem Bösen reinigen" (1. Johannes 1,9).

Richtig reingewaschen kam ich mir vor. Ich konnte wieder tief durchatmen. Und noch etwas Interessantes geschah: Mir war, als wenn innerlich ein Vorhang zur Seite geschoben wäre, und ich war mit einem Mal völlig überzeugt: „Jesus lebt!"

„Du solltest jetzt zu deinen Eltern gehen und dich bei ihnen für das, was du ihnen angetan hast, entschuldigen. Gib ihnen auch das gestohlene Geld zurück." Dann ging mein Pastor mit mir noch einmal die ganze Liste durch, und wir überlegten gemeinsam, wie ich die einzelnen Dinge wiedergutmachen könnte. Das war zwar echt schwer, ließ mich hinterher aber wie auf Wolken schweben – so erleichtert und erfüllt mit Jesus fühlte ich mich.

Seit dieser Lebensübergabe und der gründlichen Bereinigung meiner Vergangenheit hat mich die Gewissheit, dass Jesus lebt, bis heute nicht mehr verlassen, auch nicht, wenn es später einmal schwer war, oder ich mich zeitweise nicht so nah bei Jesus fühlte. Ich hatte den lebendigen Gott erfahren, und das war nicht mehr auszulöschen.

Diese Sicherheit, in Jesus ein neues Leben zu haben, wünsche ich dir auch. Wenn du sie noch nicht hast und dich danach sehnst, tu doch das Gleiche wie ich damals. Mach jetzt beim Lesen dieses Buches Pause, und suche dir einen Platz, an dem du allein bist. Bitte Jesus um Hilfe, und schreibe alles auf, was zwischen dir und Gott steht. Dann geh zu einem Menschen, der Jesus kennt, und bekenne diese Sünden in seiner Gegenwart. Dann nimm Jesu Vergebung an, und bring deine Vergangenheit in Ordnung.

Wenn du ganz allein bist und keinen Menschen kennst, dem du dich anvertrauen kannst, kannst du dies natürlich auch für dich allein tun. Jesus hört auch so auf dich. Trotzdem hoffe ich, dass du einen Menschen findest, mit dem du diesen wichtigen Schritt gemeinsam tun kannst.

Hier ein Vorschlag, wie du beten kannst: „Jesus, jetzt habe ich dir alles gesagt, was mir an Sünden eingefallen ist. Bitte vergib mir meine Schuld, und reinige mich von aller Ungerechtigkeit. Du allein sollst mein Herr und Erlöser sein, und nur dir will ich folgen. Bitte, hilf mir dabei. Amen."

Und wie sieht die Nachfolge aus?

Es gibt einige Punkte, die ein junger Christ befolgen sollte, wenn er Jesus nachfolgen will. David, der große König der Israeliten, sagt darüber: „Wie kann ein junger Mensch sein Leben meistern? Indem er tut, was du gesagt hast, Herr. Von Herzen frage ich nach deinem Willen; bewahre mich davor, ihn zu verfehlen! Was du gesagt hast, präge ich mir ein, weil ich vor dir nicht schuldig werden will" (Psalm 119,9–11, Gute Nachricht).

Nimm dir täglich eine „persönliche Verabredung" mit Gott vor, während der du in der Bibel liest und betest. Eine neuere Bibelübersetzung, wie zum Beispiel „Hoffnung für alle" oder „Die Gute Nachricht", liest sich viel leichter als eine ältere. Vielleicht fängst du mit dem Markusevangelium an und machst dann mit der Apostelgeschichte weiter. Oder du nimmst einen Bibelleseplan, wie du ihn zum Beispiel beim Bibellesebund bekommen kannst. Für viele Menschen ist morgens die beste Zeit dafür, bevor alles andere anfängt. Gott will mit dir reden, bevor es andere tun. Aus Gottes Wort und dem Gebet erhältst du die Kraft und innere Ausrichtung, die Wegweisung und Korrektur, die du brauchst, um den Herausforderungen in der Schule und mit anderen Menschen gewachsen zu sein.

Die folgenden Punkte können dir beim Bibellesen helfen:

1. Bete

2. Lies

3. Denke

4. Bete

5. Handle

Ein gutes Gewissen

Es ist nur verständlich, dass ein junger Christ ab und zu stolpert und Fehler macht. Das gehört zum Wachstum dazu. Wichtig ist nur, so schnell wie möglich wieder in Ordnung zu bringen, was schiefgelaufen ist, um sich den inneren Frieden und ein gutes Gewissen zu bewahren.

Für den Fall, dass du doch wieder die alten Dinge tust und deshalb ganz niedergeschlagen bist, möchte ich dir folgende Ratschläge aus der Bibel mitgeben:

1. Bekenne deine Sünden vor Gott und vor Menschen. „Wenn wir aber unsere Sünden bereuen und bekennen, dann dürfen wir darauf vertrauen, dass Gott seine Zusage treu und gerecht erfüllt: Er wird unsere Sünden vergeben und uns von allem Bösen reinigen" (1. Johannes 1,9). „Darum sollt ihr einander die Sünden bekennen und füreinander beten …" (Jakobus 5,16).

2. Die Sünde nicht mehr tun. „Menschen, die ihre Verfehlungen verheimlichen, haben keinen Erfolg im Leben; aber alle, die ihr Unrecht bekennen und aufgeben, finden Gottes Erbarmen" (Sprüche 28,13; Gute Nachricht).

3. Den Schaden wiedergutmachen. „Wer einen anderen … betrügt, lehnt sich gegen mich, den Herrn, auf und macht sich schuldig. Er soll sein Vergehen zugeben und alles zurückerstatten, was er dem anderen schuldet" (4. Mose 5,6–7).

Ich weiß, dass viele Menschen, Teenager wie Erwachsene, es mit der Sünde nicht so genau nehmen.

„Das machen doch alle“, redet sich der eine heraus. „Es hat ja keiner gesehen“, entschuldigt sich ein anderer. Doch Gott erwartet, dass wir unsere Sünde bekennen, sie lassen und wieder in Ordnung bringen, weil wir uns sonst nur selbst schaden und uns von ihm entfernen.

Ich kann dir nur ans Herz legen, diese drei Schritte konsequent zu befolgen, wenn du mal wieder etwas angestellt hast. Das ist nicht leicht, aber nur so kannst du wieder Frieden mit Gott finden und dir ein gutes Gewissen bewahren.

Ehre Vater und Mutter …

Kannst du dir vorstellen, wie Jesus als Kind gelebt hat? Es steht ja nicht viel darüber in der Bibel, aber was wir lesen, ist sehr interessant.

Als Jesus 12 Jahre alt war, so steht es in Lukas 2, da zogen seine Eltern mit ihm zum Passahfest nach Jerusalem. Jesus war voller Begeisterung dabei. Am wohlsten fühlte er sich im Tempel bei den Schriftgelehrten, die zusammensaßen und über Gottes Wort diskutierten. Stundenlang konnte er dabeisitzen, zuhören und mitreden. Die Lehrer staunten über sein Bibelwissen und seine klugen Fragen. Jesus war so bei der Sache, dass er alles um sich herum vergaß, sogar, dass seine Eltern eigentlich mit ihm nach Nazareth zurück wollten. Die waren nämlich schon eine Tagesreise weit entfernt, als sie merkten, dass ihr Sohn gar nicht bei seinen Freunden in der Reisegruppe war. Bestürzt und voller Sorge eilten sie zurück und fanden ihn, wie er seelenruhig mit den Schriftgelehrten debattierte. Kannst du dir vorstellen, dass die Eltern von Jesus ganz schön aufgebracht waren? Deshalb wollte Jesus ihnen erklären, dass er dort sein musste, wo es um Gottes Sache geht, aber sie verstanden ihn nicht.

Dann lesen wir: „Dann kehrten sie gemeinsam nach Nazareth zurück, und Jesus war seinen Eltern gehorsam. Seine Mutter aber vergaß nichts von dem, was sie erlebt hatte. So wuchs Jesus heran. Sein Wissen und sein Verständnis nahmen zu. Die Menschen liebten ihn und erkannten: Gott hat etwas Besonderes mit ihm vor“ (Lukas 2,51–52).

Als Jesus sich damals vornahm, seinen Eltern gehorsam zu sein, war er 12 Jahre alt – also ungefähr so alt oder fast so alt, wie du jetzt bist.

Sicher weißt du, dass in der Bibel das Gebot steht, seine Eltern zu ehren und ihnen zu gehorchen. „Ihr Kinder, gehorcht euren Eltern! So erwartet es Gott von euch. Du sollst deinen Vater und deine Mutter ehren! Dies ist das erste Gebot, das Gott mit einer Zusage verbunden hat: ‚… damit es dir gut geht und du lange auf dieser Erde lebst'“ (Epheser 6,1–3).

Seine Eltern zu achten, sie zu respektieren und ihnen sogar zu gehorchen, ist heute für viele Teenager nicht mehr selbstverständlich. Manche sprechen sogar ziemlich herablassend und verachtend von ihren „Alten“, die ihnen „den Buckel runterrutschen“ können.

Aber du hast dich ja entschieden, nach Gottes Weisungen zu leben, weil du weißt, dass es gut für dich ist. Deshalb wirst du auch deinen Eltern gehorsam sein wollen, auch wenn es dir vielleicht manchmal schwerfällt, weil du anderer Meinung bist oder weil deine Eltern sich nicht richtig verhalten haben. Ja, so ist es: Auch Eltern machen Fehler. Manche sind dann nicht immer bereit, ihr Versagen zuzugeben. Für Teenager ist es dann besonders schwer, sie trotzdem weiterhin zu achten, ihnen zu vergeben und dennoch gehorsam zu sein.

Wenn du meinst, dass deine Eltern falsch gehandelt haben, solltest du ruhig versuchen, mit ihnen darüber zu sprechen, möglichst erst, nachdem du dich etwas abgeregt hast. Verhalte dich dabei nicht schmollend, sondern freundlich und höflich, und beschimpfe sie nicht. Wie allen Menschen fällt es ihnen nämlich so am leichtesten, mit sich reden zu lassen. Schließlich haben sie dich ja lieb und möchten sich dir gegenüber eigentlich richtig verhalten.

Ich bin selbst ein Vater von einigen Teenagern. Wenn ich in der Erziehung einen Fehler gemacht habe, tut es mir natürlich leid. Trotzdem fällt es mir wirklich nicht leicht, noch einmal in ihr Zimmer zu gehen und mich zu entschuldigen. Manchmal habe ich auch gar nicht gemerkt, dass ich zu streng reagiert oder eins meiner Kinder falsch verstanden habe. Wenn meine Tochter oder mein Sohn dann hinterher zu mir kommen und höflich sagen: „Du, Papa, meiner Meinung nach warst du vorhin ein wenig ungerecht zu mir. Können wir noch einmal darüber sprechen ...?“, bin ich natürlich viel gesprächsbereiter, als wenn ein Kind wütend die Tür zuknallt und vor sich hinschmollt.

Wenn Eltern und Kinder sich bemühen, einander mit Achtung zu begegnen, und beide bereit sind, ihre Fehler einzugestehen, dann werden sie schon miteinander klarkommen. Jesus hat als Teenager seinen Teil erfüllt. Von ihm heißt es, dass er zunahm an Weisheit, Alter und Gnade, bei Gott und den Menschen (siehe Lukas 2,40).

Und genau das wünsche ich dir für dein weiteres Leben!